PABLO GÓMEZ-BLANES

ESQUEMAS DE DERECHO ROMANO

EUNSA
EDICIONES UNIVERSIDAD DE NAVARRA, S.A.
PAMPLONA

Ediciones Universidad de Navarra, S.A. (EUNSA)
Campus Universitario • Universidad de Navarra • 31009 Pamplona • España
+34 948 25 68 50 • www.eunsa.es • eunsa@eunsa.es

ISBN: 978-84-313-3307-2
Depósito legal: NA 1946-2018

Imprime: Podiprint

Printed in Spain – Impreso en España

Cupón para la Biblioteca Virtual

Accede a la versión eBook de este título por solo **1,99 €**. Con la compra de este libro puedes utilizar el siguiente cupón para la lectura en *streaming** desde la Biblioteca Virtual. **Sigue estas instrucciones** para visualizar tu libro:

1. Dirígete a la web de la Biblioteca Virtual **https://ebooks.eunsa.es/library**.
2. En la web ve a **Iniciar sesión** e introduce tu email y contraseña. Si no estás registrado, deberás completar el proceso en **Registrarse**.
3. Tras registrarte, accede a la página del libro o lee el QR de esta página. Bajo el precio podrás **insertar el código oculto en el siguiente cupón** para activar la promoción.

[redacted]

Despegue para visualizar

Acceso directo al eBook

No se admitirá la devolución del libro si el código promocional ha sido manipulado.

Canjéalo en ebooks.eunsa.es

*Con acceso a internet desde cualquier navegador.

Sumario

<u>*Página*</u>

PRIMERA PARTE

INTRODUCCIÓN Y FUENTES

SEGUNDA PARTE

PANORÁMICA GENERAL

TERCERA PARTE

PROCESO, POTESTADES Y CAPACIDAD

CUARTA PARTE

PROPIEDAD Y DERECHOS REALES

QUINTA PARTE
OBLIGACIONES

SEXTA PARTE

SUCESIÓN *MORTIS CAUSA* Y LIBERALIDADES

SÉPTIMA PARTE

APÉNDICE

Repertorio de recursos procesales

PRIMERA PARTE
INTRODUCCIÓN Y FUENTES

Introducción y Fuentes

Universidad de Navarra
Facultad de Derecho

Introducción | Etapas del Derecho Romano | Fuentes

Salvio Juliano
(105–170 d.C.)

Base del Derecho Privado

Cultura Occidental

Saber Jurisprudencial

Marco Tulio Cicerón
(106-43 a.C.)

Álvaro d'Ors
(1915-2004 d.C)

Monarquía (753-509 a.C.)	**Período Ítalo-Sabino**	VIII	753 (fundación)
		VII	
	Período de dominación etrusca	VI	509 (expulsión Tarquino)
República (509-27 a.C.)	**Período de consolidación del régimen republicano** (luchas patricio-plebeyas)	V	494 (*Lex Sacrata*) 465 (*Lex Icilia de Aventino publicando*) 450 (Ley de las XII Tablas) 445 (*Plebiscitum Canuleium*) 367 (*Leges Liciniae Sextiae*)
	Período de esplendor y apogeo	IV	340-338 (Guerra con los latinos) 286 (*Lex Hortensia*) 280-275 (Guerra contra Pirro) 264-241 (Primera guerra púnica) 218-201 (Segunda guerra púnica)
	Período de crisis (guerras civiles)	III II I	133-121 (reformas agrarias de los Graco) 91-89 (Guerra contra los aliados) 82-79 (Dictadura de Sila) 60 (Primer Triunvirato) 58-51 (César conquista las Galias) 48-44 (Dictadura de César) 43-32 (Segundo Triunvirato) 31 (Victoria de Octavio sobre Marco Antonio en Actium)

Introducción | Etapas del Derecho Romano | Fuentes

Principado (27-284 d.C.)	**Casa julio-claudia** (27 a.C.-68) Octavio; Tiberio; Calígula; Claudio; Nerón	I	27 a.C. (Octavio proclamado Augusto) Roma conquista Egipto y domina el Mediterráneo
	Casa Flavia (69-98) Vespasiano; Tito; Domiciano		
	Casa Antonina (98-193) Nerva; Trajano; Adriano; A. Pío; Marco Aurelio; L. Valerio; Cómodo	II	
	Casa Severa (193-235) Septimio Severo; Caracalla; Geta; Elagábal; Severo Alejandro	III	Septimio Severo reconquista Mesopotamia Caracalla generaliza la ciudadanía (212)
	Anarquía militar (235-284)		
Dominado (284-476 d.C.)	**Etapa Diocleciana** (284-306)	IV	Sistema de tetrarquía
	Etapa Constatiniana (307-378)		Edicto de Milán (313) Constantinopla, capital del imperio (326)
	Etapa Teodosiana (379-395)		El cristianismo, religión del imperio (380) División definitiva del imperio (395)
		V	Caída de Roma (476)
Imperio Bizantino (395-1453 d. C.)		VI	Justiniano (527-565)
		XV	Caída de Constantinopla (1453)

Introducción | <u>Etapas del Derecho Romano</u> | Fuentes

V IV III	**Derecho preclásico** (450 – 130 a.C.)		Dos primeras etapas republicanas (período de consolidación y esplendor del régimen)
II	**Derecho clásico** (130 a.C. – 230 d.C.)	Primera etapa clásica (130 – 30 a.C.)	Siglo de crisis de la República
I I		Etapa clásica central (30 a.C. – 130 d.C.)	Primera etapa del Principado (desde Augusto hasta Adriano)
II		Etapa clásica tardía (130 – 230 d.C.)	Segunda etapa del Principado (desde Adriano hasta Septimio Severo)
III IV V VI	**Derecho posclásico** (230 d.C. – 530 d.C.)		Etapa final del Principado (período de anarquía militar) y el Dominado hasta Justiniano

Octavio (Augusto)

Adriano

Justiniano

Introducción | <u>Etapas del Derecho Romano</u> | Fuentes

Ley de las XII Tablas

- Equiparación jurídica entre patricios y plebeyos
- Secularización del Derecho
- Formación del *Ius Civile*:
  - Derecho muy formal
  - Derecho patriarcal y exclusivo
  - Derecho agrario

El Pretor

Pluralidad de Derechos:

- *Ius civile* / *Ius honorarium*: <u>El edicto del Pretor</u>
- *Ius civile* / *Ius gentium* (*Ius naturale*)

Compilación de Justiniano

- Instituciones (*Institutiones*)
- Digesto (*Digesta, Pandectae*)
- Código (*Codex*)
- Novelas (*Novellae*)

Acursio
"Glosa Ordinaria"

Alta Edad Media
- Breviario de Alarico

Baja Edad Media
- La Escuela de Glosadores (s. XII-XIII)
- La Escuela de los posglosadores o comentaristas (s. XIV-XV)

Edad Moderna
- El Humanismo Jurídico (s. XVI)
- Iusnaturalismo

Siglo XIX
- La Codificación
- La recepción del Derecho Romano en Alemania
  (La Escuela Histórica y el Derecho de Pandectas)

Siglo XX
- El Derecho Romano como derecho histórico
  (método histórico-crítico)

Siglo XXI
- El Derecho Romano como base del incipiente Derecho Global
  (puente entre el *civil law* y el *common law*)

Leyes
- ***lex privata*** **(*lex rei sua dicta*)**
- ***lex publica*** **(*lex rogata*) y *plebiscitum***

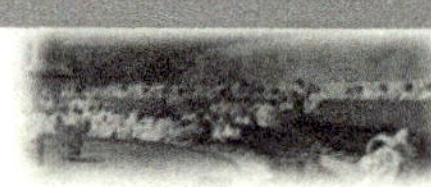

Senadoconsultos

República (1ª etapa)	Octavio (etapa central)	Adriano (etapa final)
fuente de autoridad	equiparación a la ley	conversión en *Oratio principis*
no fuente de derecho	fuente indirecta de derecho	fuente directa de derecho

Edictos

Rescriptos

Adriano (etapa clásica final): Edicto Perpetuo (Salvio Juliano)

Jurisprudencia

respondere* (*responsa*)** ***cavere ***agere***

- Derecho Preclásico: juristas fundadores

  Manio Manilio; Marco Junio Bruto; Publio Mucio Escévola

- 1ª Etapa Clásica: más libre e innovadora

  Quinto Mucio Escévola; Servio Sulpicio Rufo; Aquilio Galo

- Etapa Clásica Central (Octavio): concesión del *ius respondendi*
  - Escuela Muciana o Sabiniana: Masurio Sabino; Casino Longino
  - Escuela Serviana o Proculiana: Próculo; Labeón

- Etapa Clásica Tardía (Adriano): formación del *concilium principis*

  Salvio Juliano; Juvencio Celsio; Pomponio; Papiniano; Paulo; Ulpiano; Gayo

SEGUNDA PARTE
PANORÁMICA GENERAL

Panorámica general del Derecho romano

Universidad de Navarra
Facultad de Derecho

<u>Proceso</u> | Persona y familia | Propiedad y obligación

Régimen de los juicios privados (≠ arbitraje) (*ordo iudiciorum privatorum*)	Régimen de cognición oficial (*cognitio extra ordinem*)
Bipartición del proceso	**Concentración del proceso**

Bipartición del proceso

- fase *in iure*: ante el pretor (*iurisdictio*)
- fase *apud iudicem*: ante el *iudex* (*iudicatio*)

<u>Proceso "*legis actiones*"</u> (procedimiento típico del *ius civile*) → arcaico y formal (fórmula oral)

<u>Proceso formulario</u> (procedimiento que surge en el ámbito del *ius honorarium*) → clásico y flexible (fórmula escrita)

Concentración del proceso

(procedimiento típico del derecho imperial)

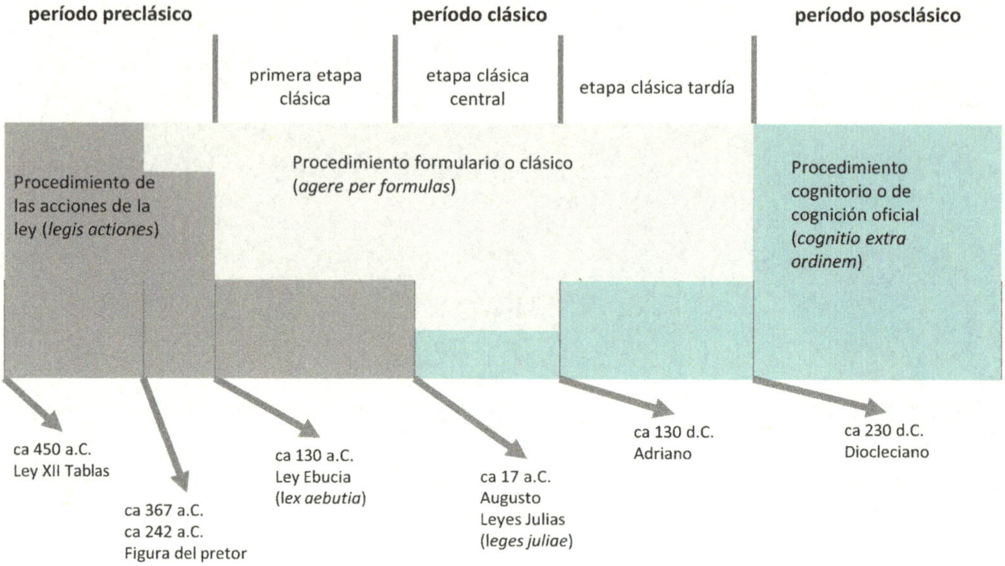

Proceso | Persona y familia | Propiedad y obligación

	Partes ordinarias	**Partes extraordinarias**	**Partes especiales**		**La Fórmula**
1	*Nominatio iudicis*			=	Nombramiento del juez
2		*Praescriptio*		=	Advertencia previa al juez para delimitar la *res in iudicium deducta*
3			*Demonstratio* (acciones inciertas)	=	Indicación de la causa
4	*Intentio*			=	Pretensión del demandante (*actor*)
5		*Exceptio*		=	Excepción del demandado (*reus*) que neutraliza la pretensión
6		*Replicatio, duplicatio, triplicatio*		=	Réplica del actor a la excepción y contrarréplicas entre las partes
7			Cláusula arbitraria (acciones restitutorias)	=	Posibilidad de restituir en lugar de la condena
8			*Adiudicatio* (acciones divisorias)	=	Adjudicación de la cosa en acciones divisorias
9	*Condemnatio*			=	Condena del deudor

Clases de acciones y fórmulas según su origen:

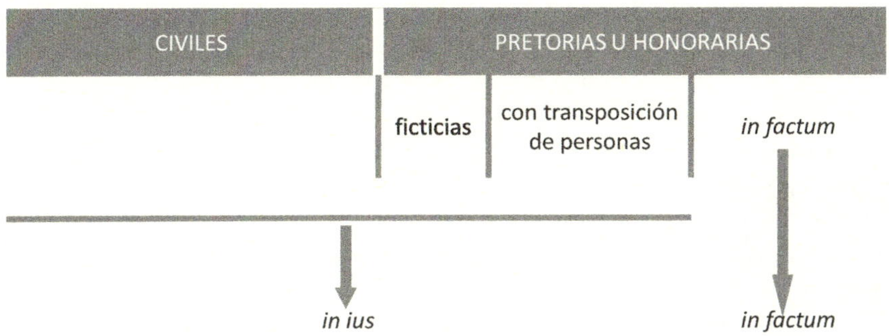

Proceso | Persona y familia | Propiedad y obligación

Titius iudex esto	(1)	Sea juez Ticio
Si paret Numerium Negidium Aulo Agerio sestertium decem milia dare oportere	(2)	Si resulta probado que Numerio Negidio debe dar a Aulo Agerio diez mil sestercios
si inter Aulum Agerium et Numerium Negidium non convenit, ne ea pecunia intra annun peteretur,	(3)	si no ha sido convenido entre Aulo Augerio y Numerio Negidio que no se pediría ese dinero durante un año,
aut si quod dolo malo Numerii Negidii factum est,	(4)	o se ha hecho algo por Numerio Negidio con dolo malo,
iudex Numerio Negidio Aulo Agerio sestertium decem milia condemnato, si non paret absolvito.	(5)	condena juez a Numerio Negidio a pagar a Aulo Agerio diez mil sestercios; si no resulta probado absuélvelo.

Persona (*caput, persona*)	#	Cosa (*res*)

a. *Sui iuris* (= capacidad jurídica; # capacidad de obrar)
- varón *sui iuris*
- mujer *sui iuris*

b. *Alieni iuris*
- hijos
- esclavos
- mujer *alieni iuris*

Proceso | Persona y familia | Propiedad y obligación

Derecho romano = Derecho patriarcal

Familia *proprio iure*: conjunto de personas que integran la casa y se hallan bajo la potestad (*potestas*) de un cabeza de familia (*pater familias*: varón *sui iuris*)

Familia *commnui iure* (parentesco)
- civil o agnaticio (*adgnatio*): basado en la patria potestad; se transmite por vía masculina
- natural o cognaticio (*cognatio*)

Potestades familiares

***Dominica potestas*:** sobre los esclavos (perpetuo)

***Patria potestas*:** sobre los hijos e hijas legítimos o adoptivos y los descendientes de sus hijos varones (vitalicio, pero no perpetuo)

***Manus*:** sobre su mujer casada *cun manu* (similar a la *patria potestas*; *in loco filia*)

Ticio se casa *sine manu*. Su primer hijo y su única hija están casados *sine manu*; su último hijo varón, *cum manu*. El primogénito tiene un hijo soltero. La hija de Ticio tiene un hijo casado *sine manu* con dos descendientes varones, y una hija soltera. El menor de los hijos de Ticio tiene un hijo casado *sine manu* con tres niños ¿Quiénes son familia agnada de Ticio?

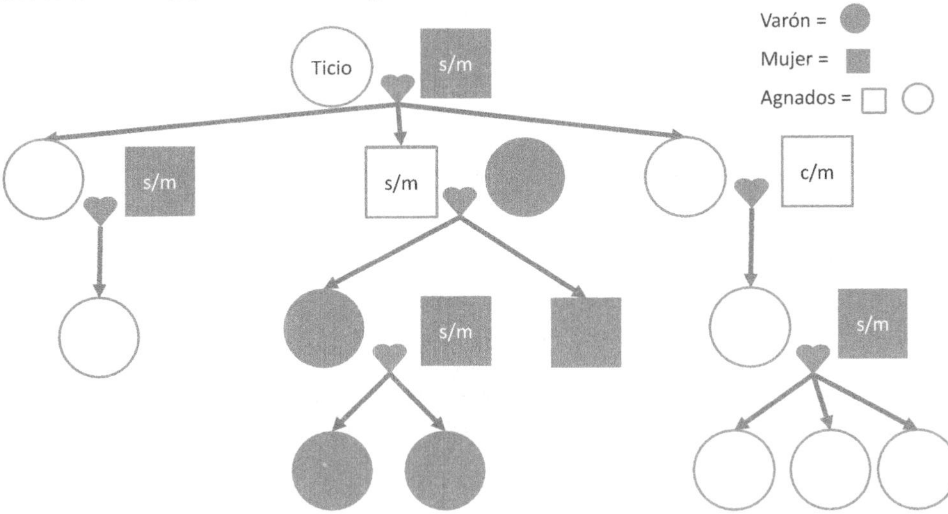

- Padre: → recta primer grado
- Hermano: → colateral 2º grado
- Sobrino: → colateral 3º grado
- Primo hermano: → colateral 4º grado
- Primo segundo: → colateral 6º grado
- Hijo del primo segundo: → colateral 7º grado

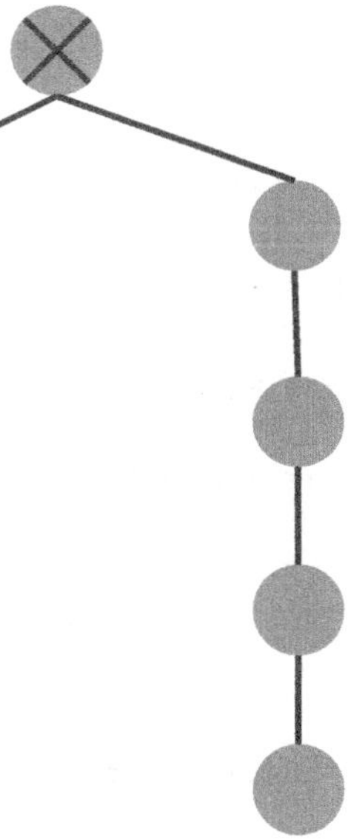

El pretor llamó a heredar hasta el 6º y al hijo del primo segundo

La propiedad se identifica con la cosa (*res*). Plenitud de aprovechamiento, según la fórmula "*Uti frui habere possidere*":

Uso (*uti*)

Disfrute (*frui*): frutos naturales o civiles

Disposición (*habere*): total (consumición) o parcial (alteración); física o jurídica

Posesión (*possidere*)

↓ ≠
- Propiedad
- Posesión →
  - Posesión unida al Dominio
  - Posesión separada del Dominio
    ↓
    - sin derecho o título jurídico que lo justifique (ladrón)
    - con título jurídico distinto al de propiedad (arrendatario)
      ↓ ≠
      - posesión inmediata
      - posesión mediata

Proceso | Persona y familia | Propiedad y obligación

Contenido / Adquisición / Fuentes

La obligación consiste siempre en un determinado comportamiento del deudor (en un "hacer" en sentido amplio), según la fórmula "*Dare, facere, prestare*":

Obligaciones de *dare*: *dare rem, dare ius*

Obligaciones de *facere*: *opus facere, dare operas, praestare operas, tradere, reddere, vehere, pati...*

Obligaciones de *prestare*: *cautiones* y garantías, responder de la integridad de una cosa

Acreedor (*creditor*) ➡ Prestación (*debitum*; crédito deuda) ⬅ Deudor (*debitor*)

* Requisitos de validez de las obligaciones: posible, lícita, determinada o determinable y patrimonial

Clases de propiedad:

Contenido / Adquisición / Fuentes

1

Dominium (ex iure Quiritium)	*Creditum*

res mancipi → se adquiere por medios solemnes

res nec mancipi identificables → *Reivindicatio*

res nec mancipi no identificables → *Condictio*

criterios de identificabilidad de las cosas:

- # fungibles / infungibles
- # consumibles / inconsumibles
- # genéricas / específicas

Proceso | Persona y familia | Propiedad y obligación

Contenido / Adquisición / Fuentes

2

Propiedad civil (*dominium ex iure Quiritium*): acción reivindicatoria (*rei vindicatio*)

ciudadano romano	fundo itálico (ext. muebles)	modo de adquirir *ex iure civile*
de faltar este requisito ↓	de faltar este requisito ↓	de faltar este requisito ↓
Propiedad peregrina	Propiedad provincial (*Ager Publicus: Proprietas*)	Propiedad bonitaria (*in bonis habere*)
vindicatio utilis	*vindicatio utilis*	*actio publiciana*

Clases de obligaciones:

1 Según la prestación

- genéricas
- específicas

- alternativas
- cumulativas
- facultativas

- ciertas
- Inciertas

- divisibles
- indivisibles

- parciarias
- solidarias
- cumulativas
- alternativas

2 Según la protección

obligaciones civiles (acciones civiles)

obligaciones pretorias (acciones *in factum*)

obligaciones naturales (*soluti retentio*)

obligaciones *extra ordinem*

Proceso | Persona y familia | Propiedad y obligación

Contenido / Adquisición / Fuentes

Límites a la propiedad:

Legales →
- Por razón de interés público (expropiaciones)
- Por razón de interés privado (relaciones de vecindad)

Voluntarias →
- Prohibiciones de disponer
- Concurrencia de otros derechos

derechos reales (copropiedad, usufructo, servidumbres, prenda)

derechos personales o de crédito (arrendamiento)

#	Derechos reales	Derechos personales o de crédito
Contenido	aprovechamiento de la cosa	prestación
Eficacia	*erga omnes*	*inter partes*
Fórmula	- *res in iudicio deducta* es absoluta - siempre abstracta	- *res in iudicio deducta* es relativa - por regla general, causal

Clases de acciones y fórmulas según su contenido:

REALES (*IN REM*)	PERSONALES (*IN PERSONAM*)

- Adquisición a título universal

Sucessio, Adrogatio, Conventio in manum

- Adquisición a título singular (modos de adquirir)

i. Ocupación

ii. Usucapión

iii. Adjudicación (*additio*) — *in iure cessio*, *adiudicatio*, subasta pública, *adsignatio*, reparto de botín...

iv. Mancipación (*mancipatio*)

v. Legado vindicatorio (*legatum per vindicationem*)

vi. Tradición (*traditio*)

Criterios de clasificación:

i. - de derecho de gentes (*ex iure gentium*) - de derecho civil (*ex iure civile*) → accesibilidad a peregrinos / no

ii. - derivativos - originarios → principio *nemo plus iuris* / no

iii. - formales o solemnes - reales o por mera apropiación posesoria → exigibilidad de solemnidades / no

Proceso | Persona y familia | Propiedad y obligación

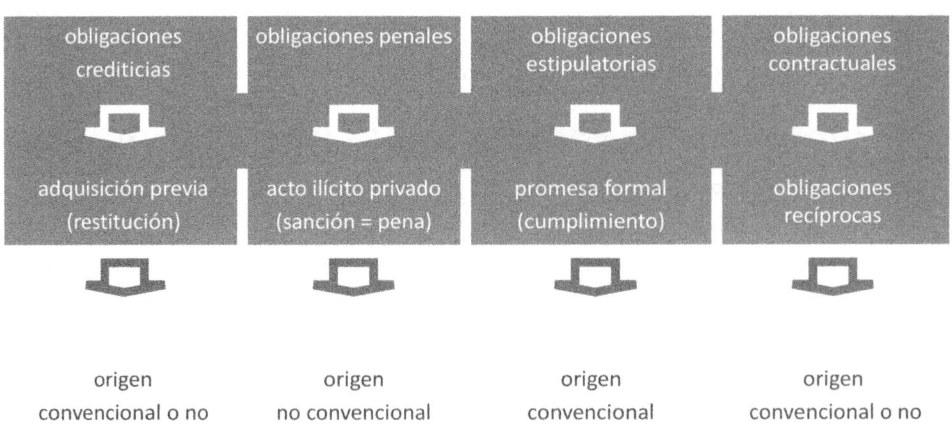

El acuerdo entre dos o más personas recibe diversos nombres según la perspectiva desde la que se tome en consideración:

convenio, negocio, convención (*conventio*)	pacto (*pactum*)	contrato (*contractus, contractum*)
carece de efectos jurídicos	protegido por el pretor por *exceptio*	obligaciones recíprocas entre las partes
(ni obligación, ni acción)	(*exceptio pacti*)	(protegido por acciones de buena fe)

* si por el acuerdo, una persona dispone de bienes propios = *lex privata*

Obligaciones convencionales

Regla general	obligación	=	convenio	+	acto real o formal
Excepción	obligación	=	convenio	+	obligaciones recíprocas

Proceso | Persona y familia | Propiedad y obligación

Contenido / Adquisición / Fuentes

Los convenios pueden ser:
- onerosos
- gratuitos (sentido amplio):
  - lucrativos
  - meramente gratuitos (gratuitos en sentido estricto)

Cláusulas más frecuentes en los convenios:

Condición (*condicio*)	Término (*dies*)	Modo (*modus*)
- suspensiva - resolutoria	- inicial o suspensivo - final o resolutorio	inicialmente, sin efectos jurídicos ↓ Más adelante (sobre todo a partir de Justiniano):
ex nunc (desde ahora) *ex tunc* (desde entonces). efectos retroactivos		- acción de cumplimiento - revocación por ingratitud
posible, lícita y moral		
- positivas, negativas, contrarias - potestativas, casuales, mixtas - pendiente, cumplida frustrada		

TERCERA PARTE

PROCESO, POTESTADES Y CAPACIDAD

Proceso, Potestades y Capacidad

Universidad de Navarra
Facultad de Derecho

Proceso | **Potestades familiares** | **Capacidad de obrar**

Fase *in iure* / **Fase *apud iudicem*** / **Ejecución**

- *Actor* (demandante) → Pretor (magistrado) → Jurisdicción (*iurisdictio*): - *do* (*dare*) - *dico* (*dicere*) - *addico* (*addicere*)
- *Reus* (demandado)

a. Alegaciones de las partes
b. Previa cognición de la causa (*causae cognitio*)
c. Concesión de la acción (*datio actionis*), designación del juez, redacción de la fórmula
d. *Litis contestatio*:
  - fijación de los términos del litigio (*res in iudicio deducta*)
  - consumición de la acción (*non bis in idem*)

Casos de terminación *in iure*: *denegatio actionis; transactio; confessio (in iure)*
indefensio (in iure); iusiurandum in litem

Fase *in iure* / Fase *apud iudicem* / Ejecución

- *Actor* (demandante)
- *Reus* (demandado)

→ *Iudex* (juez particular) → Judicación (*iudicatio*) = dictar sentencia

a. La prueba (principio dispositivo y de aportación de parte)
- Carga de la prueba: *Onus probandi incumbit ei qui dicit*
- Presunciones: *iuris tantum, iuris et de iure*
- Tipos de prueba: testifical, documental, pericial

b. La defensa del abogado (*advocatus*): *Orationes*

c. La sentencia: controversia = *res iudicata* (fuerza ejecutiva y autoridad de cosa juzgada)

Fase *in iure* / Fase *apud iudicem* / Ejecución

- Pago
- Iliquidez (insolvencia ordinaria): → declaración del deudor *in iure* (*Cessio Bonorum*)
  - con beneficio de competencia (sin nota de infamia)
- Impago (insolvencia dolosa): → *actio iudicati* (*Proscriptio Bonorum*)
  - sentencia condenatoria con litiscrescencia por *infitiatio*
  - sin beneficio de competencia (nota de infamia)

La ejecución es universal, salvo casos excepcionales: *distractio bonorum*

Recursos complementarios del pretor:
- embargo de bienes: *missio in bona rei servandae causae*
- interdictos: interdicto fraudatorio por desbalance
  (más adelante, acción pauliana o revocatoria)

	Adquisición	Extinción
Dominica potestas	- por nacimiento - por cautividad - por sanción	- por *manumissio* (relación patrono-liberto) - por ministerio de senadoconsultos y constituciones - por prescripción
Patria potestas	- por nacimiento en justas nupcias (hijos naturales legítimos) - por *adoptio* y *adrogatio* (hijos adoptivos)	- por muerte o *capitis diminutio* del *pater familias* o del hijo - por emancipación
Manus	- por mancipación (*coemptio*) - por ceremonia religiosa (*confarreatio*) - por usucapión (posesión matrimonial durante un año)	- por *remancipatio* - por *diffarreatio* - por muerte o *capitis deminutio* de uno de los cónyuges

Sui iuris* / *Alieni iuris

Capitis deminutio

- máxima: pérdida de libertad (por captura bélica)
- media: pérdida de ciudadanía
- mínima: cambio de familia
    - de *sui iuris* a *alieni iuris* (*adrogatio*; *conventio in manu* de mujer *sui iuris*)
    - de *alieni iuris* a *sui iuris* (emancipación)
    - de *alieni iuris* de una familia a otra (*adoptio*; *conventio in manu* de mujer bajo potestad de la familia de origen)

Nuptiae sunt
coniunctio maris et feminae
et consortium omnis vitae,
divini et humani iuris communicatio

D. 23,2,1

Matrimonio romano = cohabitación (una pura relación fáctica)

i. socialmente reconocida (*honor mariti*: dote; *deductio in domum mariti*)
ii. basada en el consentimiento continuado o durativo (*affectio maritalis*)
iii. disoluble (*divortium*; *repudium*)

Sui iuris / Alieni iuris

SUI IURIS

varón *puber*
(plena capacidad de obrar)

minor, furiosus, prodigus
(sujetos a curatela)

mujer *puber*
(sujeta a *tutela mulieris*)

impuber
(sujeto a *tutela impuberis*)

Sui iuris / Alieni iuris

Clases		**legítima**	**testamentaria**	**dativa**
nombramiento		- legal (agnado próximo)	- por el propio testador	- por el magistrado (*lex Atilia*, fines S. III a.C.)
naturaleza del cargo		- privado - irrenunciable	- privado - renunciable (*abdicatio*)	- público - renunciable por *excusatio* o *potioris nominatio*
protección	**- durante la tutela**	- desprotegido	- *accusatio suspecti tutoris*	- *accusatio suspecti tutoris*
	- tras la tutela	- *actio rationibus distrahendis*	- *actio rationibus distrahendis*	- *actio tutelae*

* con el tiempo, la *accusatio suspecti tutoris,* para revocar al tutor, y la *actio tutelae,* para exigir la rendición de cuentas, cualquiera que sea el tipo de tutela

Sui iuris / ***Alieni iuris***

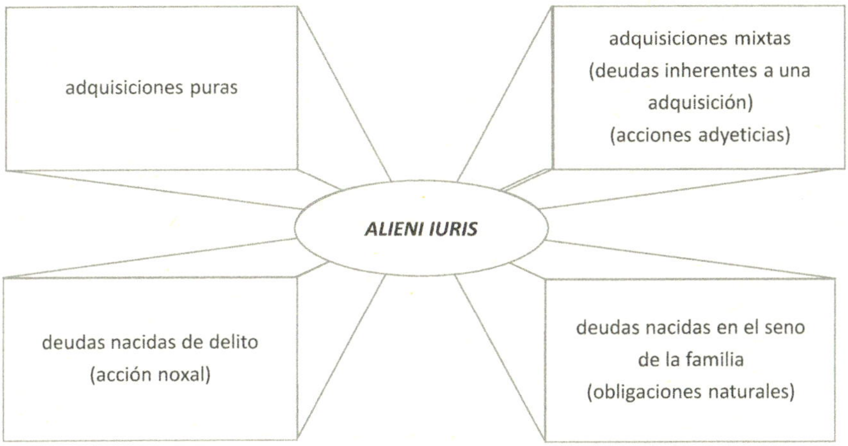

* Quiebras al principio de incapacidad Jurídica: los peculios

Proceso | Potestades familiares | Capacidad de obrar

Sui iuris / ***Alieni iuris***

Acciones adyeticias = acciones solidarias con transposición de personas

- deudas asumidas con la autorización del *pater familias* (*iussum*) → por el todo
  (*actio quod iussum*)
- deudas del sometido puesto al frente de un establecimiento (*praepositio*) → por el todo
  - establecimiento terrestre (*actio institoria*; *institor* = factor de comercio)
  - establecimiento marítimo (*actio exercitoria*; *exercitor* = naviero)
- deudas asumidas cuando no hay *iussum* ni *praepositio* → limitada
  - en la medida del patrimonio empresarial (*actio tributoria*)
  - en la medida del peculio o del enriquecimiento (*actio de peculio*; *actio in rem verso*)

Actio empti institoria

(1) Sea juez Ticio
(2) Puesto que Aulo Agerio ha comprado de L. Ticio, que ha sido puesto por Numerio Negidio al frente del comercio, diez libras de aceite en el ejercicio de tal empresa, cuestión sobre la que se litiga
(3) Condena juez a Numerio Negidio en favor de Aulo Agerio a todo lo que a a causa de ello deba dar o hacer según la buena fe, sino absuélvalo

CUARTA PARTE

PROPIEDAD Y DERECHOS REALES

Posesión civil / Posesión pretoria

1

- Poseedor civil:
  - Poseedor *nomine proprio* = se apropia y tiene la cosa *corpore et animo*
    - * no vicioso = protegido por interdictos (poseedor pretorio)
    - * de buena fe = adquiere los frutos de la cosa por derecho propio
    - * de mala fe (ladrón) = sin protección
  - de buena fe (*bona fides*) y con justa causa (*iusta causa possessionis*)
  - Requisito para adquirir la propiedad por *traditio*, *occupatio* o *usucapio*
  - Posición de demandado en un eventual juicio reivindicatorio (ventaja procesal)
  - Protección por la acción publiciana (poseedor *ad usucapionem*)
- Poseedor natural (*nomine alieno*) = posee con título distinto al de propiedad (arrendatario)

Posesión civil / Posesión pretoria

2

- Poseedor pretorio = poseedor protegido por interdictos
  - ciertos poseedores *nomine alieno*:

    protege a quien no dispone de acción propia para proteger su derecho y evitar perturbaciones de terceros (vectigalistas, precaristas, acreedores pignoraticios, secuestrarios...)

  - poseedor civil:

    fija la posición del demandado en el proceso reivindicatorio

- Poseedor natural = mero detentador sin protección jurídica (arrendatarios, depositarios...)

Posesión | Modos de adquirir | Protección | Derechos reales

Posesión civil / Posesión pretoria

Interdictos posesorios →
- mantener la paz y seguridad jurídica
- proteger situaciones de apariencia jurídica
- ≠ sentencia (no efecto de cosa juzgada)

Uti *nunc eas eades, quibus de agitur, nec vi nec clam nec precario alter ab altero* ***possidetis****, quo minus ita possideatis, vim fieri veto*	Prohíbo que se impida por la violencia que sigáis poseyendo la casa de la que se trata, tal y como ahora la poseéis sin violencia ni clandestinidad ni en precario uno respecto de otro
Unde *in hoc anno tu illum* ***vi*** *deiecisti aut familia tua deiecit, cum ille possideret, quod nec vi nec clam nec precario a te possideret, eo illum quaeque ille tunc ibi habuit restituas*	De donde tú lo has expulsado con violencia o tus esclavos lo han expulsado, mientras estaba poseyendo sin violencia, clandestinidad o precario con respecto a ti, restitúyelo, en el plazo de un año, junto con las cosas que entonces él allí tenía

Supuestos de adquisición de la propiedad por enajenación:

≠ - enajenante o transmitente (*tradens*)
- adquirente (*accipiens*)

Mancipatio: «Modo derivativo y formal de adquirir la propiedad de una cosa mancipable (*res mancipi*) mediante una celebración solemne»

In iure cessio: «Modo derivativo y formal de adquirir la propiedad de una cosa mancipable o no mancipable mediante la ficción de un juicio reivindicatorio con allanamiento a la demanda»

Traditio: «Modo derivativo y causal de adquirir por simple apropiación posesoria la propiedad civil de la *res nec mancipi* y la bonitaria o pretoria de la *res mancipi*»

Mancipatio

i. Sujetos intervinientes: el *mancipium dans*; el *mancipium accipiens*; el *libripens*; los *testis*

ii. Forma de celebración: - palabras rituales y gestos solemnes del *mancipum accipiens*
- silencio del *mancipium dans* (excepción: la *nuncupatio*)

iii. Protección del adquirente: la *actio auctoritatis*

iv. Conversión en modo de adquisición abstracto (*mancipatio nummo uno*)

In iure cessio

i. Supuesto de *additio* (adjudicación)

ii. Modo de adquisición abstracto

Mancipatio / In iure cessio / Traditio
Occupatio / Usucapio

- tradición posesoria
≠
- tradición dominical

Propiedad civil

- apoderamiento
- *iusta causa traditionis*
  - causa próxima (*causa adquirendi*)
    - a) Compraventa (*traditio venditionis causa*)
    - b) Donación (*traditio donationis causa*)
    - c) Dote (*traditio dotis causa*)
    - d) Pago (*traditio solutionis causa*)
    - e) Préstamo (*traditio credendi causa*)
  - causa remota (*causa retinendi*)
- *res nec mancipi*
- *tradens* = pueda disponer de la cosa (dueño)

Propiedad pretoria o bonitaria

- adquisición de una *res mancipi* por simple *traditio*
- adquisición *a non domino*

Posesión | Modos de adquirir | Protección | Derechos reales

Mancipatio / In iure cessio / Traditio
Occupatio / Usucapio

Ocupación

a. Ocupación en sentido propio (*occupatio*): *res nullius* y *res derelictae* sobre *res nec mancipi*
b. Separación y percepción de frutos
c. Accesión: (*superficies solo cedit*)
d. Especificación

Usucapión

Origen: complemento de la mancipación limitando la responsabilidad por *auctoritas*

Fundamento: seguridad jurídica y protección de la apariencia jurídica

Finalidad:
- consolidar propiedades defectuosas
- facilitar la prueba de la propiedad
- *usucapio pro derelicto*

Requisitos:
- *res habilis*
- *possessio civilis* (*bona fides* y *iusta causa possessionis* o título)
- *tempus*

Reivindicatio / Condictio / Actio publiciana

Acción civil *in ius* y real

con cláusula arbitraria para evitar la condena mediante la *iussurandum in litem* y la *restitutio*

Titius iudex esto	(1)	Sea juez Ticio
Si paret rem qua de agitur ***ex iure quiritium*** *Auli Agerii esse,*	(2)	Si resulta probado que la cosa litigiosa es propiedad civil de Aulo Agerio
necque ea res arbitrio iudicis Aulo Agerio restituetur,	(3)	y no es restituida a Aulo Agerio según tu arbitrio
quanti es res erit, tantam pecuniam iudex Numerium Negidium Aulo Agerio condemnato, si non paret absolvito	(4)	condena juez a Numerio Negidio a pagar a Aulo Agerio cuanto la cosa valga; si no consta, absuélvelo.

- Legitimación activa: Propietario no poseedor
- Legitimación pasiva: Poseedor no propietario (eficacia *erga omnes*)
- Objeto litigioso: Cosas concretas e identificables (*uti frui habere possidere*)

*Otros recursos: *exceptio ex iusti dominii*

Reivindicatio / Condictio / Actio publiciana

Acción civil *in ius* y personal

Titius iudex esto	(1)	Sea juez Ticio
Si paret Numerium Negidium Aulo Agerio sestertium decem milia ***dare oportere***	(2)	Si resulta probado que Numerio Negidio debe dar a Aulo Agerio diez mil sestercios
iudex Numerio Negidio Aulo Agerio sestertium decem milia condemnato, si non paret absolvito	(3)	condena juez a Numerio Negidio a pagar a Aulo Agerio diez mil sestercios; si no resulta probado, absuélvelo

- Legitimación activa: Acreedor
- Legitimación pasiva: Deudor (eficacia *inter partes*)
- Objeto litigioso: Prestación (*dare facere praestare*)

Acción ficticia *in ius* y real, con cláusula arbitraria

Titius iudex esto	(1)	Sea juez Ticio
*Si quem hominem Aulus Agerius emit et is ei traditur est, anno possedisset, tum si eum hominem quo de agitur, **eius ex iure quiritium esse oporteret***	(2)	Si resulta probado que Aulo Agerio compró un esclavo y le fue entregado, y si hubiese poseído un año ese esclavo, acerca del cual se litiga, se habría convertido en su propietario civil,
neque is homo arbitratu tuo a Numerio Negidio restituatur	(3)	a no ser que este esclavo sea restituido por Numerio Negidio a tu arbitrio,
quanti ea res erit, tantam pecuniam iudex Numerium Negidium Aulo Agerio condemnato, si non paret absolvito	(4)	cuanto sea el valor del asunto, a tanto dinero tú juez condena a Numerio negidio a favor de Aulo Agerio, si no absuélvelo

- Legitimación activa: Propietario civil o pretorio que ha perdido la posesión
- Legitimación pasiva: Propietario civil doloso y cualquier otro poseedor de peor condición (eficacia *erga omnes*)
- Objeto litigioso: Cosas concretas e identificables (*uti frui habere possidere*)

*Otros recursos: *exceptio rei venditae et traditae y exceptio doli*

Finalidad:

- para adquirir una *res mancipi* por mera *traditio*
  (eficaz frente a todos)

- para adquirir *a non domino*
  (eficaz frente a todos menos contra el verdadero propietario civil)

- para proteger al dueño civil
  (en sustitución de la acción revindicatoria)

Reivindicatio / Condictio / Actio publiciana

Conflicto:

- Propietario Civil (*Dominus ex iure Quiritium*)
- Poseedor Civil *ad usucapionem* (Propietario Pretorio o Bonitario)

Posesión | Modos de adquirir | Protección | Derechos reales

Reivindicatio / Condictio / Actio publiciana

Ticio, propietario *ex iure civile*, vende la cosa mancipable y realiza la *traditio* a favor del comprador, Cayo. Cayo engañó en la compraventa a Ticio haciéndole creer que era Marco

a) en la actualidad, posee Cayo

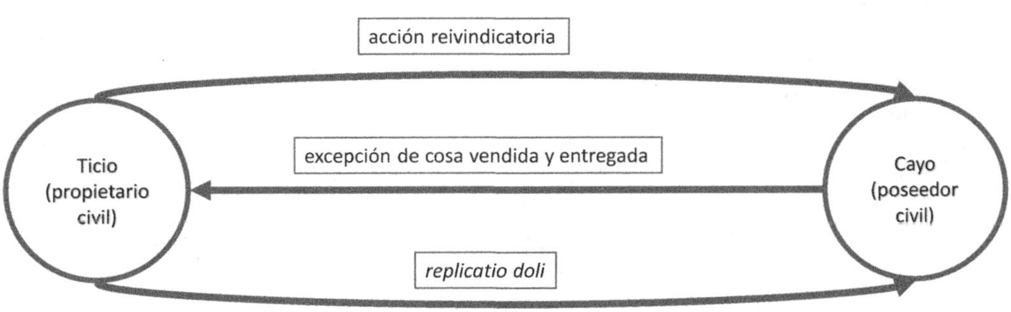

Reivindicatio / Condictio / Actio publiciana

Ticio, propietario *ex iure civile*, vende la cosa mancipable y realiza la *traditio* a favor del comprador, Cayo. Cayo engañó en la compraventa a Ticio haciéndole creer que era Marco

b) en la actualidad, posee Ticio

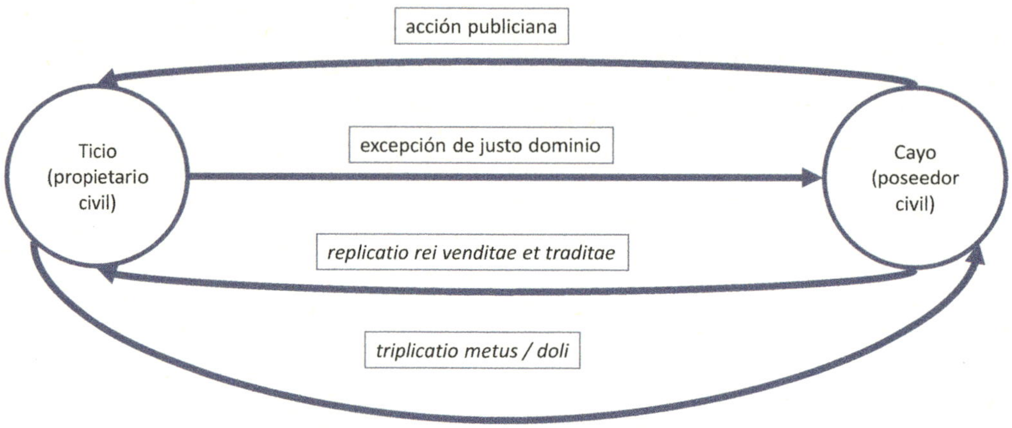

Posesión | Modos de adquirir | Protección | Derechos reales

Reivindicatio / Condictio / Actio publiciana

Ticio, propietario del fundo capenate, lo arrendó a Cayo y éste lo vendió a Sempronio por mancipación.

a) en la actualidad, posee Sempronio

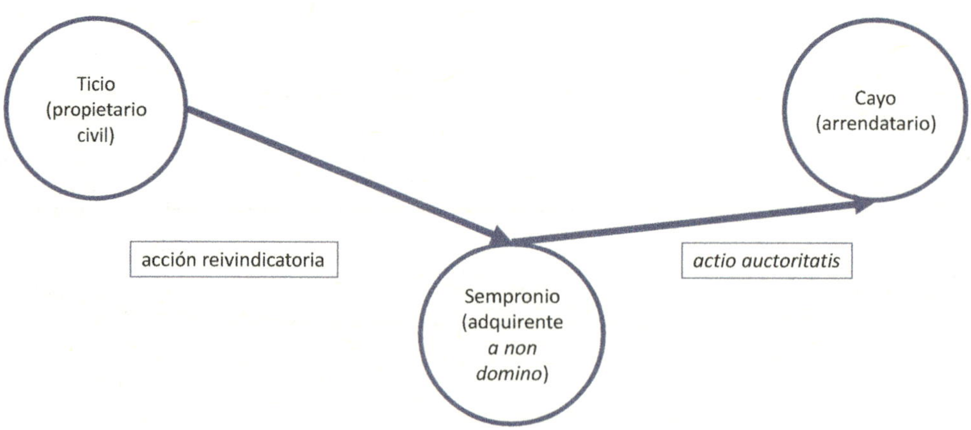

Ticio, propietario del fundo capenate, lo arrendó a Cayo y éste lo vendió a Sempronio por mancipación.

b) en la actualidad, posee Ticio

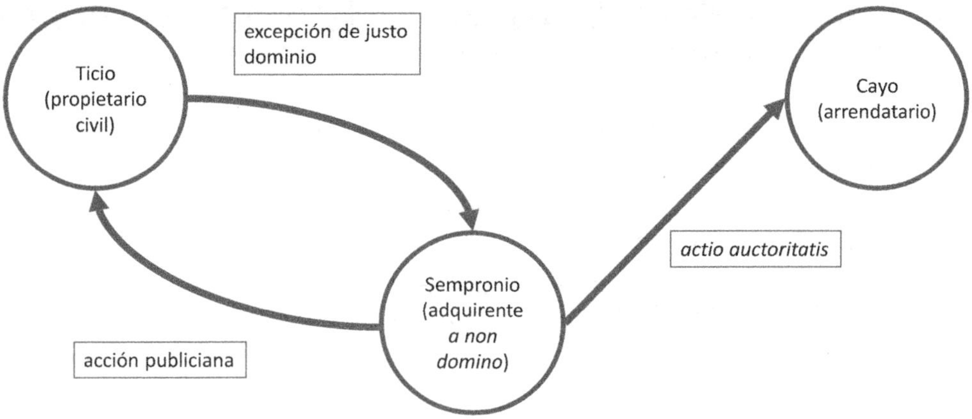

Posesión | Modos de adquirir | <u>Protección</u> | Derechos reales

Reivindicatio / Condictio / <u>Actio publiciana</u>

Ticio, propietario del fundo capenate, lo arrendó a Cayo y éste lo vendió a Sempronio por mancipación.

c) en la actualidad, posee Marco

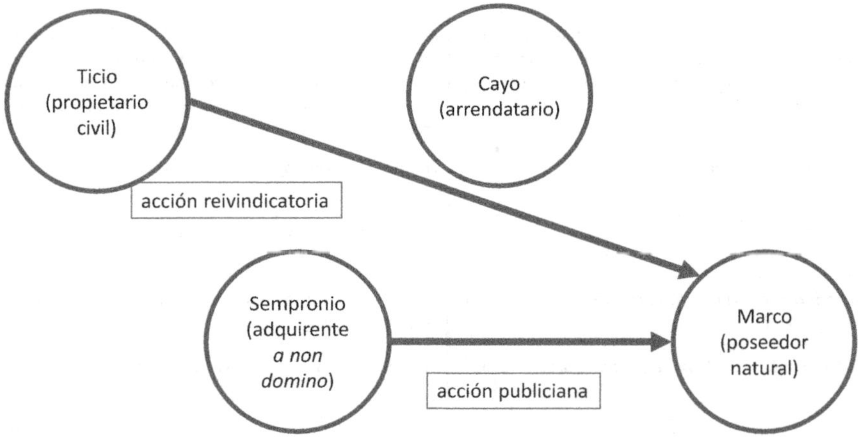

Copropiedad solidaria o *in solidum*	principio de actuación solidaria (*ius prohibendi*)
Copropiedad conjunta o mancomunada	principio de actuación conjunta (por unanimidad)
Copropiedad clásica o por cuotas	principio de división en cuotas ideales

- sobre la cuota → principio de libre disponibilidad
- sobre la cosa común:
  - actos de uso → principio de actuación solidaria (*ius prohibendi*)
  - actos de disfrute → principio de reparto
  - actos de disposición
    - física → principio de actuación solidaria (*ius prohibendi*)
    - jurídica → principio de actuación conjunta

actio familiae erciscundae

(acción *in ius* y real, con *adiudicatio*: acción divisoria)

Titius iudex esto	(1)	Sea juez Ticio
Quod Luicci Titii heredes de familia erciscunda deque eo, quod in ea hereditate ab eorum quo, postea quam heres factus sit, gestum admissumve sit, iudicem sibi dari postulaverunt,	(2)	Puesto que los herederos de Lucio Ticio han pedido que se les diese un juez para la división del patrimonio hereditario y para los actos de administración y la gestión realizada sobre tal herencia por uno de ellos después de haberse convertido en heredero,
quantum... adiudicari oportet	(3)	cuanto deba ser adjudicado a (Cayo y Sempronio),
iudex... adiudicato,	(4)	adjúdicalo juez a (Cayo y Sempronio)
quidquid ob eam rem alterum alteri praestare oportet,	(5)	y todo lo que por este motivo deba responder uno con respecto al otro,
eius iudex alterum alteri condemnato, si non paret absolvito	(6)	condena juez al uno en favor del otro, si no absuélvelo.

- como derecho real: facultad del titular de un fundo (dominante) de realizar un uso concreto y determinado sobre un fundo vecino ajeno (sirviente) en razón de su utilidad permanente.

- como gravamen: carga impuesta voluntariamente sobre un fundo (sirviente) en beneficio de otro fundo vecino perteneciente a distinto dueño (dominante), al que procura la ventaja efectiva de un uso limitado (una utilidad concreta).

Puede consistir:

- en una intromisión (*immissio*): servidumbre de paso, de acueducto, sacar agua de un pozo
- en una prohibición (*ius prohibendi*): servidumbre de luces o vistas

vindicatio servitutis
(acción *in ius* y real)

Titius iudex esto	(1)	Sea juez Ticio
Si paret Aulo Agerio ius esse per fundum quo de agitur ire agere,	(2)	Si resulta probado que Aulo Agerio tiene derecho a pasar y conducir (animales) por el fundo del cual se trata,
neque ea res arbitrio iudicis Aulo Agerio restituetur,	(3)	y si la cosa no fuese restituida por Numerio Negidio a Aulo Agerio según el arbitrio del juez,
quanti ea res erit, tantam pecuniam iudex Numerium Negidium Aulo Agerio condemnato, si non paret absolvito.	(4)	condena a Numerio Negidio a pagar a Aulo Agerio tanto dinero cuanto la cosa valga, si o resulta, absuélvelo.

Usufructus est ius alienis rebus utendi fruendi salva rerum substantiam (Paulo, D. 7.1.1)

El usufructo es un derecho sobre cosa ajena que permite Usarla y percibir sus frutos dejando a salvo su sustancia

nudo propietario →
- *habere*
- *possidere*

usufructuario →
- *uti*
- *frui*
- *possessio naturalis*

- carácter personalísimo y temporal
- recae sobre cosas específicas (excepción: cuasiusufructo)

Posesión | Modos de adquirir | Protección | Derechos reales

Copropiedad / Servidumbres / Usufructo / Prenda

vindicatio usus fructus
(acción *in ius* y real)

Titius iudex esto	(1)	Sea juez Ticio
Si paret Aulo Agerio ius esseo fundo quo de agitur uti frui,	(2)	Si resulta probado que Aulo Agerio tiene derecho a usar y obtener frutos del fundo del cual se trata,
neque ea res arbitrio iudicis Aulo Agerio restituetur,	(3)	y si la cosa no fuese restituida por Numerio Negidio a Aulo Agerio según el arbitrio del juez,
quanti ea res erit, tantam pecuniam iudex Numerium Negidium Aulo Agerio condemnato, si non paret absolvito.	(4)	condena juez a Numerio Negidio a pagar a Aulo Agerio tanto dinero cuanto la cosa valga, si no resulta absuélvelo

pignus = derecho real de prenda

pignus datum

↓

con desplazamiento inmediato

posesión natural y pretoria

i. el pacto de *vendendo*
ii. el pacto de *antichresis*
iii. la *lex commisoria*

pignus conventum o hypoteca

≈ prenda + pacto de retención

↓

con desplazamiento diferido

ius possidendi / ius distrahendi

- contenido más amplio (también alcanza cosas y derechos no susceptibles de ser poseídos)
- posibilidad de acumular garantías
  sigue las reglas *"prior tempore potior in iure"* y *"successio in locum"*

↘ ↙

el acreedor dispone de una *vindicatio utilis*: *actio serviana*
(*actio hypotecaria* o *pigneraticia in rem*)

QUINTA PARTE

OBLIGACIONES

Obligaciones

Universidad de Navarra
Facultad de Derecho

<u>Préstamos</u> | Delitos | Estipulaciones | Contratos

<u>Concepto</u> / Mutuo / *Datio ob rem* / *Datio ob causam*
Datio ex eventu / Comodato / Prenda / *Constitutum*

retención sin causa de cosa ajena que obliga a restituir

clases	adquisición previa		restitución
mutuo	civil (*dare*)	convenio causal	efecto previsto
comodato	pretorio	convenio causal	efecto previsto
prenda	pretorio	convenio causal	efecto previsto
constituto	pretorio	convenio causal	efecto previsto
daciones *ob rem*	civil (*dare*)	convenio abstracto	efecto eventual
daciones *ob causam*	civil (*dare*)	convenio abstracto	efecto eventual
daciones *ex eventu*	civil (*dare*)	sin convenio previo	reipersecutoria

Concepto / Mutuo / *Datio ob rem* / *Datio ob causam*
Datio ex eventu* / Comodato / Prenda / *Constitutum

Préstamo civil de consumo

mutuante → dinero o cosa genérica → mutuario

(previa *datio*: transmisión de la propiedad;
obligación de restituir el *tantundem*)

↓

condictio → *exceptio doli*
exceptio pacti

Préstamos | Delitos | Estipulaciones | Contratos

Concepto / Mutuo / *Datio ob rem* / *Datio ob causam*
Datio ex eventu* / Comodato / Prenda / *Constitutum

Daciones *ob rem*

requisitos:
- un convenio previo
- una *datio* inicial (*dare rem*)
- la finalidad acordada

transmitente (*dans*) → cosa en propiedad → adquirente (*accipiens*)

(entrega de una cosa en propiedad con un fin convenido;
eventual obligación de restituir)

↓

condictio

negocio abstracto (esquema negocial susceptible de varios contenidos)

tipos principales:
- Permuta
- Compraventa real
- Contrato estimatorio

Daciones *ob causam*

transmitente (*dans*) → cosa en propiedad → adquirente (*accipiens*)

(entrega de una cosa en propiedad en virtud de una causa;
eventual obligación de restituir)

↓

condictio

negocio abstracto (esquema negocial susceptible de varios contenidos)

tipo principal: - pago de lo indebido (*solutio indebiti*)

Daciones *ex eventu*

supuestos en los que se retiene sin causa una cosa ajena cuyo propietario ya no puede reivindicar como propia

(la *datio* que obliga a restituir es involuntaria;
no presupone un acuerdo previo)

↓

condictio

tipo principal: - la reparación o indemnización en caso de hurto (*condictio "furtiva"*)

Concepto / Mutuo / *Datio ob rem* / *Datio ob causam*
Datio ex eventu / Comodato / Prenda / *Constitutum*

Préstamo pretorio de uso

comodante → cosa específica → comodatario

(mera entrega: desplazamiento de la posesión natural; obligación de restituir *in natura*)

↓

actio commodati → *exceptio doli*, *exceptio pacti*

Préstamos | Delitos | Estipulaciones | Contratos

Concepto / Mutuo / *Datio ob rem* / *Datio ob causam*
Datio ex eventu / Comodato / Prenda / *Constitutum*

Préstamo pretorio de garantía

pignorante (deudor o tercero) → cosa específica → acreedor pignoraticio

(mera entrega: desplazamiento de la posesión natural; obligación de restituir cumplida la obligación principal garantizada)

↓

acción pignoraticia
(*actio pigneraticia* personal)

acción *in factum* en favor del pignorante por la retención sin causa del acreedor pignoraticio una vez cumplida la obligación garantizada

Préstamo pretorio de plazo

acreedor constituido → reconocimiento de deuda y nuevo plazo → constituyente (deudor o tercero)

↓

actio de pecunia constituta

modalidades:
- *constitutum debiti proprii*
- *constitutum debiti alieni*

tipo especial: *receptum argentarii* (acción recepticia; abstracta)

tipos de acciones *ex delicto*

i. **acciones reipersecutorias** ⟶ dirigidas a obtener la reparación del daño

- **reales** (*reivindicatio*)

- **personales** (*condictio*)

ii. **acciones penales** ⟶ cumplen una función de castigo

- **puras** (acción cumulativa con la acción reipersecutoria)

- **mixtas** (la pena incluye la reparación del daño)

_i._ El delito de hurto (_furtum_)

a) *furtum rei*
b) *furtum usus*
c) *furtum possessionis*

a. acciones reipersecutorias
(*reivindicatio, condictio furtiva*)

b. acciones penales puras
- civiles (en especial, la *actio furti*)
- *in factum* (*actio bonorum raptorum*)

_ii._ El delito de daños (_damnum iniuria datum_)

acciones penales mixtas
- civiles (*actio legis aquiliae*)
- pretorias *in factum*

iii. El delito de injurias (_iniuriae_)

acción penal *in factum* anual de carácter estimatorio (*actio iniuriarum*)

_iv._ El delito de intimidación (_vis metus_)

a. acción penal *in factum* anual (*actio quod metus causa* o *actio metus*)
* transcurrido el año, sólo cabía una acción en la medida del enriquecimiento

b. excepción de miedo (*exceptio metus*)

_v._ El delito de dolo o fraude (_dolo_)

a. acción penal *in factum* anual (*actio de dolo* o *actio doli*)
* transcurrido el año, sólo cabía una acción en la medida del enriquecimiento

b. excepción de dolo (*exceptio doli*)

Estipulación = Promesa atípica, formal y solemne

requiere un acto previo = causa de la estipulación (puede ser una obligación previa o no)

***i.* estipulaciones concretas** "Lo que me debes por compraventa ¿prometes que ha de serme dado? Prometo"

***ii.* estipulaciones abstractas** "¿Prometes que han de serme dados los 10.000 sestercios? Prometo"

regla general: abstracción débil (presunción *iuris tantum*): *exceptio doli*

excepción: abstracción fuerte (presunción *iuris et de iure*): *exceptio non numeratae pecuniae*

* Transcurrido un año, la estipulación se considera causal

→ **estipulación con causa mutuaria** (doble causa, *re et verbis*: incluye intereses)

- ***acceptilatio***: extinción formal de obligaciones *ex stipulatu*, sea por pago o por remisión

Préstamos | Delitos | Estipulaciones | Contratos

Concepto / Penales / Novatorias
Solidarias / Accesorias

- *condictio* (*actio certi*)

Titius iudex esto	(1)	Sea juez Ticio
Si paret Numerium Negidium Aulo Agerio sestertium decem milia dare oportere	(2)	Si resulta probado que Numerio Negidio debe dar a Aulo Agerio diez mil sesterciois
iudex Numerio Negidio Aulo Agerio sestertium decem milia condemnato, si non paret absolvito	(3)	condena juez a Numerio Negidio a pagar a Aulo Agerio diez mil sestercios; si no resulta probado, absuélvelo

- *actio ex stipulato* (*actio incerti*)

Titius iudex esto	(1)	Sea juez Ticio
Quod Aulos Agerius de Numerio Negidio incertum stipulatus est, cuius rei dies fuit,	(2)	Puesto que Aulo Agerio estipuló algo incierto de Numerio Negidio, cuyo plazo venció,
quidquid ob eam rem N.N. A.A. dare facere oportet	(3)	a todo lo que por este asunto N.N. debe dar y hacer a A.A.
iudex Numerio Negidio Aulo Agerio sestertium decem milia condemnato, si non paret absolvito	(4)	a ello condena juez a Numerio Negidio a pagar a Aulo Agerio; si no consta, absuélvelo

- **propia** → alternativa — condicionada al incumplimiento de otra obligación

- **impropias**
  - cumulativa — condicionada al cumplimiento extemporáneo
  - facultativa — condicionada al incumplimiento de una prestación no obligatoria

Préstamos | Delitos | Estipulaciones | Contratos

Concepto / Penales / Novatorias
Solidarias / Accesorias

sustitución de una obligación por otra → *idem debitum + aliquid novi*

- falta el *aliquid* = estipulación inútil o función de refuerzo
- falta del *idem debitum* = doble deuda

novación

- por cambio de causa
- por cambio de elementos accidentales
- por cambio de acreedor (requiere el consentimiento del acreedor originario mediante delegación)
- por cambio de deudor (no requiere el consentimiento del deudor primitivo, aunque normalmente el nuevo deudor asumirá la deuda por delegación de éste)

Concepto / Penales / Novatorias
Solidarias / Accesorias

Estipulación que origina una obligación solidaria cumple dos fines:
- formalizar una obligación previa de carácter solidario
- hacer solidaria una obligación inicialmente insolidaria

requisitos: identidad del débito + estipulación formalmente única

- activa: cualquier acreedor puede exigir la prestación por entero (*in solidum*), pero una sola vez → función de facilitar el cobro o el pago
- pasiva: cualquier deudor debe cumplir la prestación por entero (*in solidum*), pero una sola vez → función de garantía

Préstamos | Delitos | Estipulaciones | Contratos

Concepto / Penales / Novatorias
Solidarias / Accesorias

- activa: incorporación cumulativa de un nuevo acreedor → *adstipulatio*
- pasiva: accesión de un nuevo deudor *in solidum* como garante de deuda ajena → garantías personales (*fideiussio* y *adpromissio*)

no requiere el consentimiento del deudor, aunque por lo común asumirá la deuda por delegación de éste

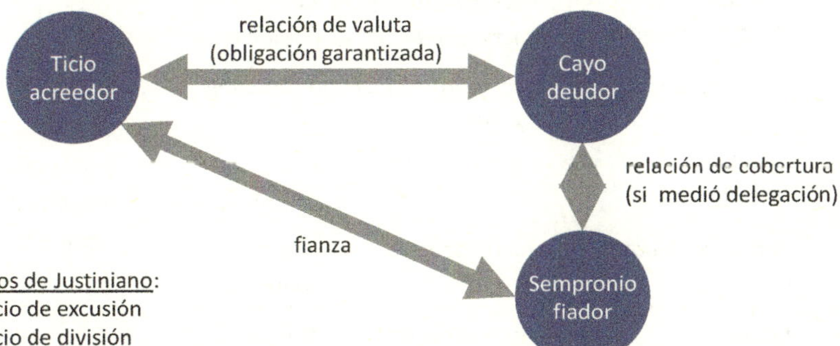

Beneficios de Justiniano:
- Beneficio de excusión
- Beneficio de división
- Beneficio de cesión de acciones

concepto gayano-justinianeo

- acuerdo de voluntad (estructuralmente bilateral)
- obligaciones unilaterales o bilaterales

concepto clásico

ultro citroque obligatio (obligación de una y otra parte)
Labeón (Ulpiano D.50.16.19)

- obligaciones recíprocas (bilaterales o sinalagmáticas); oneroso o gratuito
- nazca o no de un convenio; exija o no un acto real o formal previo
- protegidos por acciones *ex fide bona* (buena fe)

acciones de *intentio incerta*, con previa *demonstratio*, y *condemnatio* con cláusula *ex fide bona*
quidquid... dare facere oportet ex fide bona

obligaciones contractuales
- no convencionales (gestión de negocios ajenos; tutela)
- convencionales

consensual	*i.*	compraventa (*emptio venditio*)	- *actio venditi* o *ex vendito* - *actio empti* o *ex empto*		sinalagmático perfecto (oneroso)
	ii.	arrendamiento (*locatio conductio*)	- *actio locati* o *ex locato* - *actio conducti* o *ex conducti*		
	iii.	sociedad (*societas*)	- *actio pro socio, actio communi dividundo*		
	iv.	mandato (*mandatum*)	- *actio mandati*	-directa -contraria	sinalagmático imperfecto (gratuito)
real →	*v.*	depósito (*depositum*)	- *actio depositi*	- directa - contraria	
formal →	*vi.*	fiducia (*fiducia*)	- *actio fiduciae*	- directa - contraria	

intercambio de cosa (*res* o *merx*) por precio (*pretium*)

- entrega de la cosa (*tradere*) y mantener en la pacífica posesión (*vacua possesio*)
  - compraventa de cosa esperada o futura (*emptio rei speratae*): → condicional
  - compraventa de esperanza (*emptio spei*): → aleatoria
  - compraventa de cosa ajena
- pago del precio cierto (determinado o determinable)

El vendedor responde por evicción y vicios ocultos

Préstamos | Delitos | Estipulaciones | Contratos

Concepto / Compraventa / Arrendamientos
Sociedad / Mandato / Depósito / Fiducia

pactos especiales

i. pacto de resolución por mejor oferta (*in diem addictiio*)

ii. pacto comisorio (*lex commissoria*)

iii. pacto de retroventa, a prueba o de arrepentimiento (*pactum de retrovendendo* o *displicientiae*)

iv. pacto de reserva de la facultad de recuperar la cosa (*pactum de retroemendo*)

v. contrato estimatorio (*dati in aestimatum*)

vi. permuta (*permutatio*)

locación de cosa (*locatio rei*)

prestación típica → - *locator* → - cesión del uso o del uso y disfrute de una cosa

- *conductor* (poseedor natural) →
  - la restitución de la cosa (temporal; *tacita reconductio*)
  - el pago de la renta o merced

locación de obra (*locatio operis*)

- *locator* →
  - el pago del precio
  - la entrega de materiales

prestación típica (*facere* indivisible) → - *conductor* → - la realización de la obra

locación de servicios (*locatio operarum*)

prestación típica (*dare* divisible por tiempo o cantidad de trabajo) →
- *locator* → - la prestación del servicio (trabajo)
- *conductor* → - el pago del precio

- sujetos:	varias personas (socios, *socii*)
- objeto:	se obligan a poner algo en común (aportaciones: bienes o trabajo)
- finalidad:	para obtener una ventaja patrimonial común (ánimo de lucro)

sociedad privada	≠ sociedad pública	sociedad romana	≠ sociedad actual
origen convencional sin personalidad jurídica interés privado	no convencional con personalidad interés público	sin personalidad fin de lucro	con personalidad jurídica limitar la responsabilidad

mandato

contrato consensual

- sujetos: mandante / mandatario
- objeto: un simple acto material o un acto jurídico
- finalidad: gestión de un negocio en interés del mandate

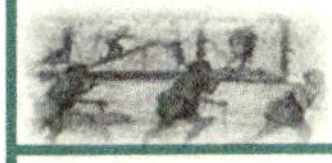

gestión de negocios ajenos

contrato no convencional

- sujetos: gestor oficioso / gestionado (*dominus negotii*)
- objeto: un simple acto material o un acto jurídico
- finalidad: gestión de un negocio en interés del *dominus negotii*

Préstamos | Delitos | Estipulaciones | Contratos

Concepto / Compraventa / Arrendamientos
Sociedad / Mandato / Depósito / Fiducia

mandato de prestar fianza

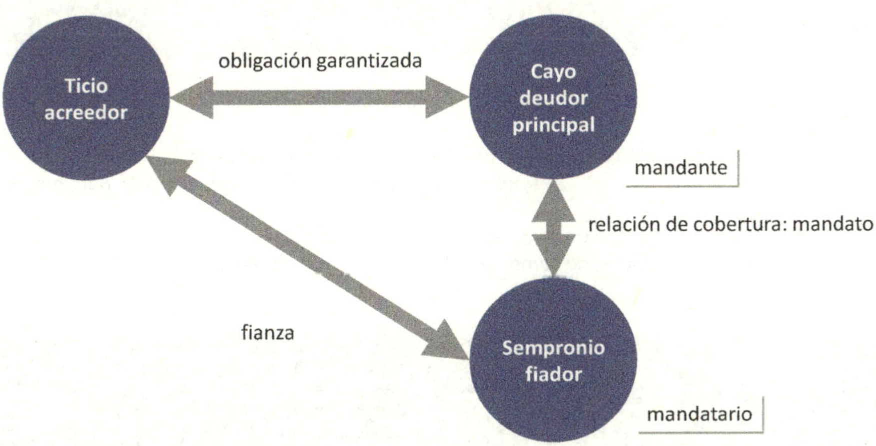

- sujetos: depositante / depositario
- objeto: entrega de una cosa mueble específica (posesión natural)
- finalidad: guarda

tipos especiales de depósito

- **secuestro (*actio sequestraria*)**
  - de cosa litigiosa
  - en caso de apuesta

  secuestrario = poseedor pretorio
- **depósito necesario o miserable**
- **depósito irregular**

  depósito en uso (típico de los negocios bancarios)
  - mayor protección (acciones de buena fe)
  - disponibilidad inmediata
- **consignación**

Préstamos | Delitos | Estipulaciones | Contratos

Concepto / Compraventa / Arrendamientos
Sociedad / Mandato / Depósito / Fiducia

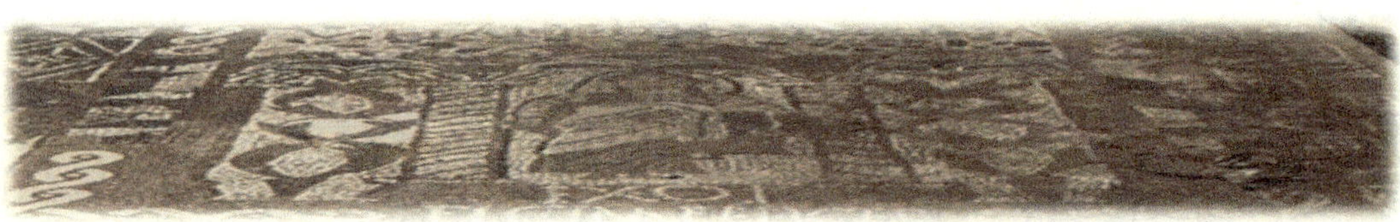

- sujetos: fiduciante (enajenante) / fiduciario (adquirente)
- objeto: cesión formal de la propiedad de un bien mancipable (*mancipatio* o *in iure cessio* + *pactum fiduciae*: dominio funcional)
- finalidad:
  - función de garantía (*fiducia cum creditore*)
  - función de comodato, depósito o mandato (*fiducia cum amico*)

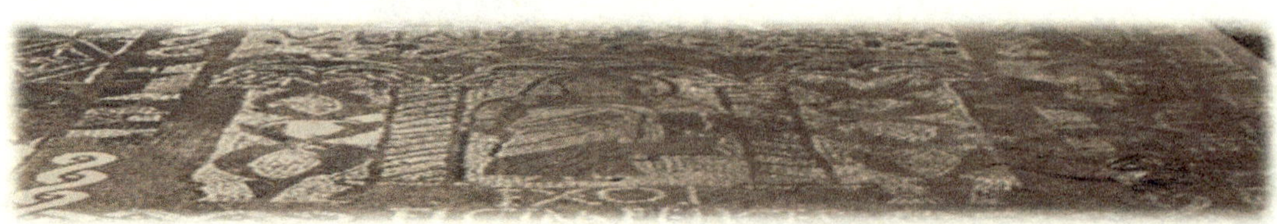

SEXTA PARTE
SUCESIÓN *MORTIS CAUSA* Y LIBERALIDADES

Sucesión *mortis causa* y Liberalidades

Universidad de Navarra
Facultad de Derecho

Sucesión *mortis causa* | Liberalidades

Ius civile (*Heres*)	*Ius honorarium* (*Bonorum Possessor*)
Sucesión testamentaria civil Testamento mancipatorio o *per aes et libram*	***Bonorum possessio secundum tabulas*** Supera el formalismo civil (*tabulae*)
Sucesión intestada civil o *ab intestato* Parentesco agnaticio	***Bonorum possessio sine tabulas*** Relevancia al parentesco cognaticio
Sucesión forzosa civil Obligación formal de no preterir a los *sui heredes* ↓ *Hereditatis petitio*	***Bonorum possessio contra tabulas*** Extensión a los *liberi* y la legítima ↓ interdicto *quorum bonorum*

Responsabilidad por las deudas hereditarias

i.* Principio de responsabilidad *intra vires hereditatis

(sistema anglosajón) — Separación de patrimonios (herencia en administración)

- figura del «sustituto»

≠

- figura del «*executor*»

ii.* Principio de responsabilidad *ultra vires hereditatis

(sistema romano) — Confusión de patrimonios

Heredero = sucesor universal

- Herencia insolvente (*hereditas damnosa*) → beneficio de inventario

- Heredero insolvente → beneficio de separación

Sucesión *mortis causa* | Liberalidades

* La *heredis institutio*: condición necesaria y suficiente

("*caput et fundamentum totius testamenti*" Gayo, Inst. 2.229)

* También puede contener otras disposiciones mortis causa:

(desheredaciones, nombramiento de herederos sustitutos, etc.)

iii. sucesor universal: imposibilidad de institución en cosa cierta y determinada

(lo que no impide la división por cuotas)

i. nombramiento sobre persona cierta

ii. forma imperativa

iv. sucesor universal: perpetuidad condición de heredero

(en cambio; se admite la condición suspensiva)

v. sucesor universal: incompatibilidad con la sucesión intestada (derecho de acrecer)

(*nemo pro parte testatus pro parte intestatus decedere potest*)

Sucesión intestada civil (herederos legítimos) [Tablas (V,4-5)]

Si intestato moritur, cui suus heres nec escit, adgnatus proximus familiam habeto; si adgnatus nec escit, gentiles familiam habento	Si uno muere intestado sin tener heredero propio, el agnado próximo habrá la herencia; si no existe un agnado, los gentiles tendrán la herencia

i. Atención exclusiva al parentesco agnaticio

ii. Tres órdenes de herederos legítimos o *ab intestato* (herederos necesarios y voluntarios)

iii. Rige el principio de llamamiento único (*in legitimis hereditatibus successio non est*)

Sucesión intestada pretoria (*bonorum possessor sine tabulas*)

i. Se reconoce la cognación y al cónyuge supérstite

ii. Cinco clases de *bonorum possessor* (todos son voluntarios en la sucesión pretoria)

iii. Rige el principio de llamamientos sucesivos (*successio in graduum*)

Sucesión *mortis causa* | **Liberalidades**

sucesión intestada civil

sui heredes

- Parentesco agnaticio por vía descendente
- No hay distinción por razón de sexo o edad
- En caso de pluralidad de *sui heredes*
  - sucesión *in capita* entre los del mismo grado
  - sucesión *in stirpes* entre los de diferente grado (*succedere in locum*: derecho de representación)

agnados próximos

- Parentesco agnaticio colateral más próximo
- Las mujeres sólo suceden si son hermanas (Ley Voconia)
- En caso de pluralidad de llamados, no hay *successio in locum*

  (por tanto, sólo sucesión *in capita*, no *in stirpes*)

gentiles

- Parentesco con el mismo nombre gentilicio
- Desaparece ya en la primera época clásica

sucesión intestada pretoria

unde liberi	*Sui heredes + emancipati*
unde legitimi	Coincide con los llamados en la Ley XII Tablas
unde cognati	*i.* Parientes cognaticios más próximos *ii.* Agnados por adopción o *in manu* (*cognatorum loco*)
unde vir et uxor	A favor del cónyuge viudo
qui heres non extabit	*i.* A los acreedores si estaba sobrecargada de deudas *ii.* A la caja pública

Sucesión *mortis causa* | Liberalidades

Donación / **Legado** / **Fideicomiso**

acto de liberalidad por antonomasia

- como causa (*causa donationis* o *animus donandi*)

acuerdo de realizar una atribución patrimonial lucrativa (no debida)

- como acto lucrativo de atribución patrimonial irrevocable

i.	reales (*donatio in dando*):	*mancipatio, in iure, cessio traditio*
ii.	obligatorias (*donatio in obligando*):	*stipulatio*
iii.	liberatorias (*donatio in liberando*):	*acceptilatio*

Tipos especiales:
- Dote (*dos*)
- Donación modal (*sub modo*)

Donación / Legado / Fideicomiso

legatum est donatio testamento relicta

Modestino, D. 31,36

legatum est donatio quaedam a defuncto relicta

Instituta 2,20,1

El legado es una donación dejada en testamento.

El legado es una especie de donación dejada por el difunto.

legatum est delibatio hereditatis, qua testator ex eo, quod universum heredis foret, aliqui quid collatum velit

Florentino D. 30.116pr

El legado es una detracción de la herencia, en virtud de la cual el testador quiere que se atribuya a alguien algo de lo que en su totalidad sería del heredero

disposición testamentaria sobre bienes singulares que el testador impone al heredero a favor de un tercero (legatario)

Sucesión *mortis causa* | Liberalidades

Donación / Legado / Fideicomiso

	legado vindicatorio (*legatum per vindicationem*)	legado damnatorio (*legatum per damnationem*)
eficacia	real	meramente obligacional
fórmula	«*do lego*»	«*damnas esto*»
protección	- *reivindicatio* - otras acciones reales	- *actio ex testamentum*

Sucesión *mortis causa* | Liberalidades

Donación / Legado / Fideicomiso

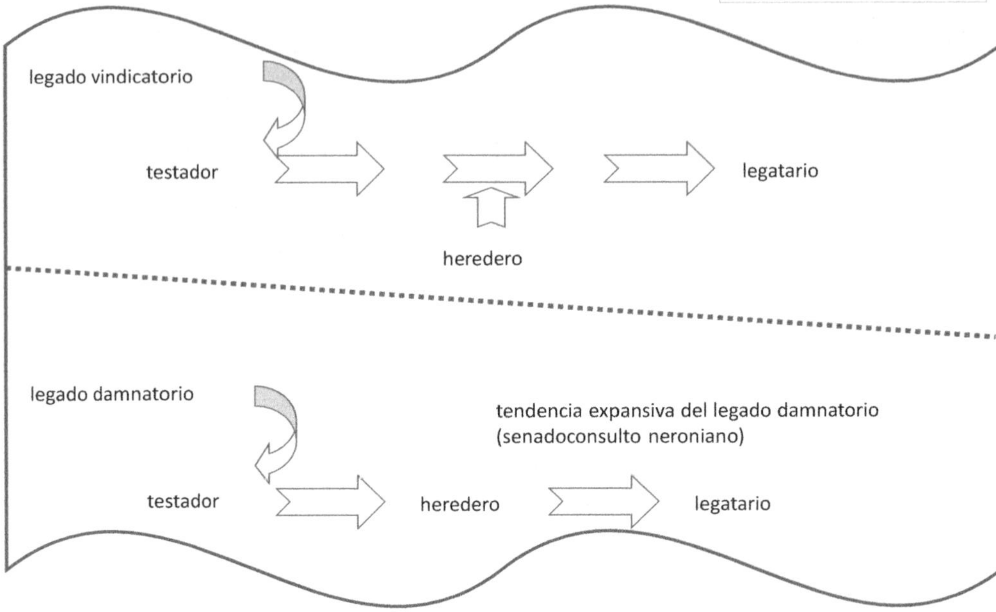

Sucesión *mortis causa* | Liberalidades

Donación / Legado / Fideicomiso

Fideicommissum est quod non civilibus verbis, sed praecative relinquitur, nec ex rigore iuris civilis profiscitur, sed ex voluntate datur reliquentis.
Ulpiano, D. 25.1

Fideicomiso es lo que se deja, no con palabras civiles, sino a modo de ruego, pues el fideicomiso no proviene del rigor del Derecho civil, sino que se basa en la voluntad del que dispone

legatum est quod legis, id est, imperative testamento relinquitur, nam ea quae precativo modo relinquuntur fideicommissa vocantur
Ulpiano, Reg. 24.1

Legado es lo que deja por testamento a modo de ley, es decir, de forma imperativa, pues las disposiciones realizadas a modo de ruego se llaman fideicomisos

Donación / Legado / Fideicomiso

- estructura similar a la del legado *per damnationem* — efectos puramente obligatorios

fideicomitente → fiduciario → fideicomisario

- no se basa en el rigorismo formal del *ius civile*, sino en la *bona fides*

  i. no es una disposición testamentaria ni depende de testamento alguno

  ii. no requiere palabras solemnes e imperativas (*verba civilia*)

  iii. apta para desempeñar gran diversidad de funciones

encargo de confianza que el causante (fideicomitente) encomienda
a una persona (el fiduciario, beneficiario de una ventaja *mortis causa*)
en favor de otra (fideicomisario)

Sucesión *mortis causa* | Liberalidades

Donación / Legado / Fideicomiso

i.	**Inicialmente**	sin protección jurídica
ii.	**Augusto**	protección jurídica por vía de la *cognitio extra ordinem*
iii.	**Constantino-Justiniano**	progresiva asimilación a los legados

SÉPTIMA PARTE

APÉNDICE

Apéndice

Universidad de Navarra
Facultad de Derecho

<u>Método del caso</u> | Responsabilidad | Representación y Delegación | Interpretación

Quid Iuris?	

↓

Delimitar y aislar el objeto de *responsum*	
Quaestio facti	*Quaestio iuris*

↓

Solución justa y racional	
Ratio decidendi	Remedios jurídicos y procesales

Primer caso guía

Tras la muerte de su amadísimo padre, Ticio recibió de él un pequeño rebaño de ovejas. Un día, Cayo se apoderó del rebaño, aprovechándose de que Estico, esclavo de Ticio y encargado de pastorear las ovejas, se había quedado dormido. En el mercadillo de la ciudad, Sempronio adquirió de Cayo el rebaño a un precio muy razonable. Año y medio después, Ticio descubre sus ovejas en poder de Sempronio y se entera de lo sucedido. Durante este tiempo, Sempronio había esquilado las ovejas, vendido su lana, y también había consumido varios corderos para su alimentación.

Método del caso | Responsabilidad | Representación y Delegación | Interpretación

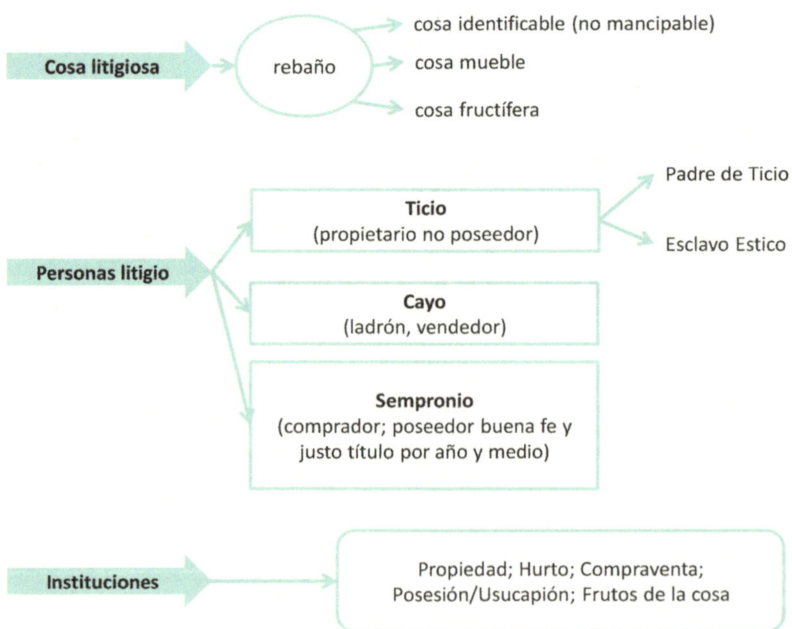

Sempronio	- no adquiere la propiedad civil por *traditio* - no adquiere la propiedad civil por usucapión - no adquiere la propiedad pretoria o bonitaria - sí adquiere la lana y los corderos (frutos de la cosa)
Ticio	- conserva la propiedad de la cosa - pierde la posesión de la cosa

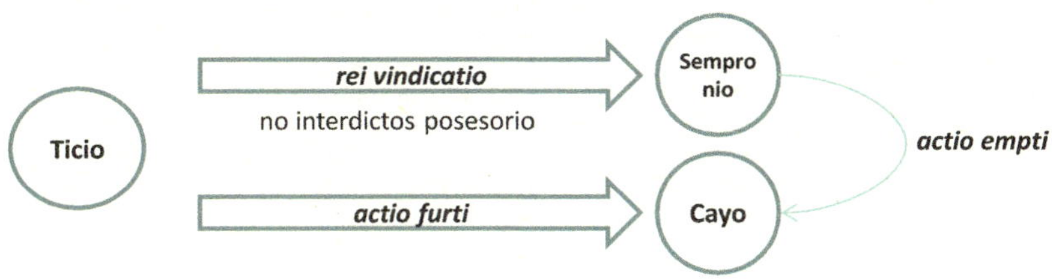

Método del caso | Responsabilidad | Representación y Delegación | Interpretación

Quantum / Responsabilidad por delitos / Incumplimiento

Acciones	Condena	En la fórmula
condictio / actio certi ex testamento	valor de la cosa en el momento de la *litis contestatio*	*quanti ea res est* (presente)
restitutorias distintas de la *condictio*	valor de la cosa en el momento de la sentencia	*quanti ea res erit* (futuro)
penales	valor de la cosa en el momento de comisión del hecho	*quanti ea res fuit* (pasado)
in ius inciertas	a todo aquello que se deba dar o hacer	*quidquid* (*id quod interest*)
de buena fe (contractuales)	a todo aquello que se deba dar o hacer según la buena fe	*quidquid / ex fide bona*

Método del caso | <u>Responsabilidad</u> | Representación y Delegación | Interpretación

<u>Quantum</u> **/ Responsabilidad por delitos / Incumplimiento**

Titius iudex esto	(1)	Sea juez Ticio
Si paret Numerium Negidium Aulo Agerio sestertium decem milia dare oportere	(2)	Si resulta probado que Numerio Negidio debe dar a Aulo Agerio diez mil sestercíois
iudex Numerio Negidio Aulo Agerio ***sestertium decem milia*** *condemnato, si non paret absolvito*	(3)	condena juez a Numerio Negidio a pagar a Aulo Agerio **diez mil sestercios**; si no resulta probado, absuélvelo

Titius iudex esto	(1)	Sea juez Ticio
Si paret Numerium Negidium Aulo Agerio hominem Stichum dare oportere,	(2)	Si resulta probado que Numerio Negidio debe dar a Aulo Agerio el esclavo Estico,
iudex Numerio Negidio Aulo Agerio ***quanti ea res est*** *condemnato, si non paret absolvito.*	(3)	condena juez a Numerio Negidio a pagar a Aulo Agerio **tanto dinero cuanto valga la cosa**; si no resulta probado, absuélvelo.

Método del caso | <u>Responsabilidad</u> | Representación y Delegación | Interpretación

<u>Quantum</u> **/ Responsabilidad por delitos / Incumplimiento**

Titius iudex esto	(1)	Sea juez Ticio
Si paret rem qua de agitur ex iure quiritium Auli Agerii esse,	(2)	Si resulta probado que la cosa litigiosa es propiedad civil de Aulo Agerio
necque ea res arbitrio iudicis Aulo Agerio restituetur,	(3)	y no es restituida a Aulo Agerio según tu arbitrio
quanti es res erit, *tantam pecuniam iudex Numerium Negidium Aulo Agerio condemnato, si non paret absolvito*	(4)	condena juez a Numerio Negidio a pagar a Aulo Agerio **cuanto la cosa haya de valer**; si no consta, absuélvelo.

Titius iudex esto	(1)	Sea juez Ticio
Si paret Aulo Agerio a Numerio Negidio opeve consilio Numerii Negidium furtum factum esse (paterae aureae) quam ob rem Numerium Negidium pro fure damnum decidere oportet,	(2)	Si resulta que Aulo Agerio le hubiese arrebatado (una copa de oro) por obra o consejo de Numerio Negidio, por lo que a Numerio Negidio debe ser condenado como ladrón,
quanti ea res fuit, *cum furtum factum est, tantae pecuniae duplum iudex Numerium Negidium Aulo Agerio, condemnato, si non paret absolvito*	(3)	condena juez a Numerio Negidio a pagar a Aulo Agerio una suma de dinero igual al doble del **valor que tenía la cosa** en el momento de cometerse el hurto; si no resulta probado, absuélvelo

Titius iudex esto	(1)	Sea juez Ticio
Quod Aulos Agerius de Numerio Negidio incertum stipulatus est, cuius rei dies fuit,	(2)	Puesto que Aulo Agerio estipuló algo incierto de Numerio Negidio, cuyo plazo venció,
***quidquid** ob eam rem N.N. A.A. dare facere oportet*	(3)	**a todo lo que** por este asunto N.N. debe dar y hacer a A.A.
eius iudex N. N. A.A. condemnato, si non paret absolvito	(4)	a ello condena juez a Numerio Negidio a pagar a Aulo Agerio; si no consta, absuélvelo

***Titius** iudex esto*	(1)	Sea juez Ticio
Quod Aulos Agerius de Numerio Negidio hominem Stichum emit,	(2)	Puesto que Aulo Agerio compró el esclavo Estico a Numerio Negidio,
***quidquid** ob eam rem N.N. A.A. dare facere oportet **ex fide bona**,*	(3)	**a todo lo que** por este asunto Numerio Negidio debe dar o hacer **según la buena fe** a Aulo Agerio,
eius iudex N. N. A.A. condemnato, si non paret absolvito	(4)	a ello condena juez a Numerio Negidio a pagar a Aulo Agerio; si no consta, absuélvelo

Método del caso | Responsabilidad | Representación y Delegación | Interpretación

Quantum / Responsabilidad por delitos / Incumplimiento

Delito	- Autor - Víctima	→	obligación penal	- Deudor - Acreedor

- conducta lesiva e ilícita

+

- dolo (se presume *iuris tantum*)

excepción (delito de daños):

* *actio legis aquiliae*	responsabilidad por culpa o aquiliana
* *actio pauperie, actio de effusis, actio de positis*	responsabilidad objetiva

Concurso de delitos:

Concurso material: → varios delitos por varias conductas lesivas

Concurso ideal: → varios delitos de una misma conducta lesiva

Concurrencia de daños: → un delito que causa un daño del que deriva otro subsiguiente mayor

Concurrencia de responsabilidades: → delito e incumplimiento de obligación previa

- **acciones de derecho estricto:** responde por hecho propio
- **acciones de buena fe:** responsabilidad por dolo y culpa (acción propia de cada contrato)

Obligaciones de *dare, tradere, reddere*

→ - cosas específicas: → imposibilidad

→ - cosas genéricas: → *genus nunquam perit*

- *vis maior* (*casus*): *periculum*
- *custodia*: responsabilidad objetiva (hurto y fuga de esclavos)

1. Cosas ajenas en beneficio propio

- el comodatorio responde por:
  - uso adecuado (*furtum usus*)
  - custodia (*periculum est creditoris; res perit dominus*)
  - por los gastos de conservación, salvo los extraordinarios

- el acreedor pignoraticio responde por:
  - posesión de la cosa sin facultad de uso (*furtum usus*)
  - custodia (*periculum est creditoris; res perit dominus*)
  - por los gastos de conservación, salvo los extraordinarios

2. Cosas ajenas en beneficio del dueño

- el depositario responde por:
  - guarda de la cosa sin facultad de uso
  - salvo excepción, sólo responde por dolo

  * tiene derecho a una indemnización por impensas y daños causados

Método del caso | Responsabilidad | Representación y Delegación | Interpretación

Quantum / Responsabilidad por delitos / Incumplimiento

3. Arrendamientos

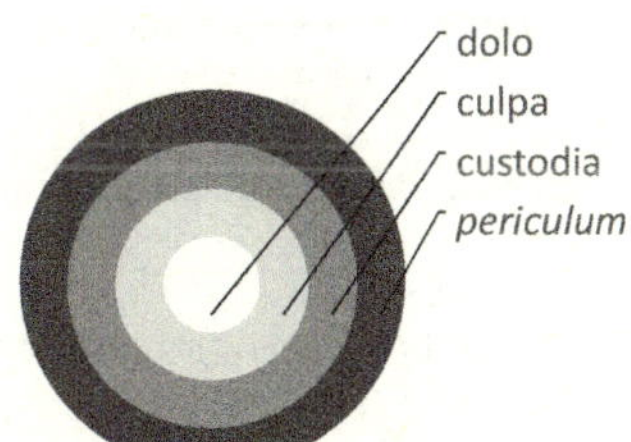

regla general: *res perit dominus*

En el caso de cosa mueble específica locada

- el *locator* responde por los riesgos (*periculum est locatoris*)
- el *conductor* responde por custodia

- en la locación de cosa (*locatio rei*), el *locator* responde de los vicios de la cosa
- en la locación de obra (*locatio operis*), el *locator* responde de los vicios en la materia
  el *conductor* responde de los vicios en la obra

Método del caso | Responsabilidad | Representación y Delegación | Interpretación

---

Quantum / Responsabilidad por delitos / Incumplimiento

4. Compraventa

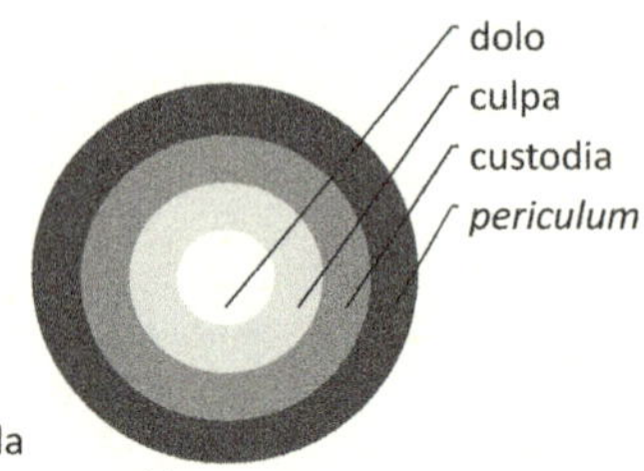

regla general: *res perit dominus*

excepción a la regla: cosa mueble específica vendida y no entregada

- el comprador responde por los riesgos (*periculum est emptoris*)
- el vendedor responde por custodia

El vendedor también responde por evicción y vicios ocultos

Método del caso | Responsabilidad | Representación y Delegación | Interpretación

---

Introducción / Representación procesal / Delegación / Casos

Representante: ⟶ interés ajeno (*dominus negotii*)

- en nombre del representado (*alieno nomine*) ⟶ Representación directa *(iussum)*

- en nombre propio (*proprio nomine*) ⟶ Representación indirecta (regla general)

* por mandato ⟶ por arrendamiento de servicios
por gestión oficiosa
en virtud del *officium* (tutela)

* ≠ delegado (propiamente, es un sustituto)

Cognitor	*Procurator*
representación directa	representación indirecta
iussum	sin *iussum*
actio iudicati (representado)	*actio iudicati* (representante)
consume la acción	no consume la acción

Método del caso | Responsabilidad | Representación y Delegación | Interpretación

Introducción / Representación procesal / Delegación / Casos

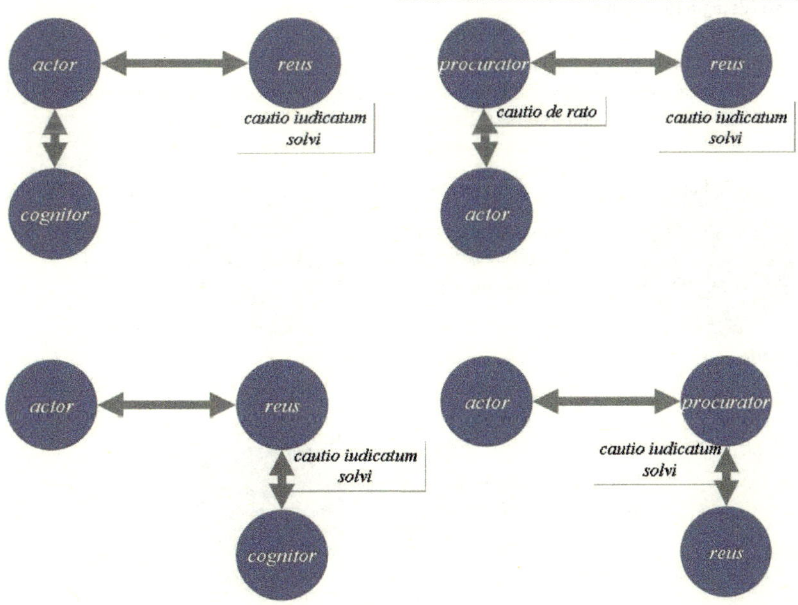

Delegación → función: simplificar y relacionar operaciones y negocios jurídicos

dos clases
- *iussum promittendi* (orden novatoria): delegación promisoria
- *iussum dandi* o *tradendi*
  solvendi (de pago); *credendi* (de crédito); *donandi* (en donación)

tres sujetos: →
- delegante
- delegado
- delegatario

tres relaciones
- relación de valor o de valuta
- relación de cobertura o provisión de fondos
- relación de ejecución

Método del caso | Responsabilidad | <u>Representación y Delegación</u> | Interpretación

Introducción / Representación procesal / <u>Delegación</u> / Casos

orden de pago (delegación pasiva)

Cayo debe 1.000 sestercios a Ticio por la compra de su caballo. Sempronio debe 1.200 sestercios a Cayo que éste le dio en mutuo. Cayo pide a Sempronio que realice el pago de los 1.000 sestercios directamente a Ticio y le perdona los 200 restantes

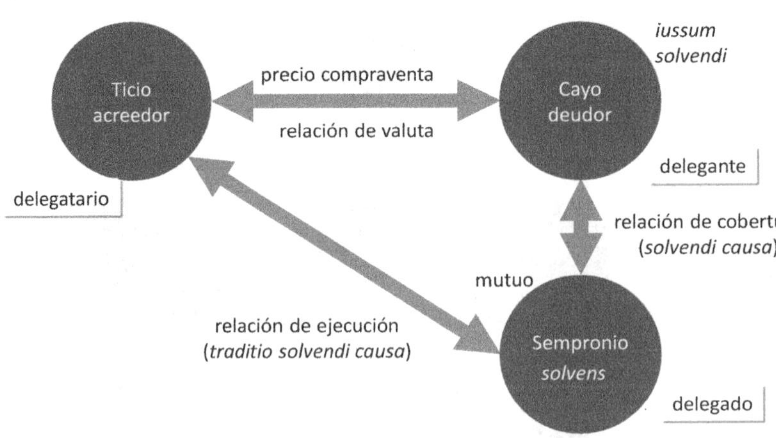

expromisión con delegación (pasiva)

Introducción / Representación procesal / Delegación / Casos

Para pagar sus estudios, Cayo solicitó un préstamo a Ticio de 1.000 sestercios pagaderos en el plazo de un año. Abrumado por la deuda, Cayo le cuenta su problema a su tío Sempronio. Éste se compromete a asumir la deuda, pero, para no malacostumbrarlo, le impone la carga de pintar el muro exterior de su finca.

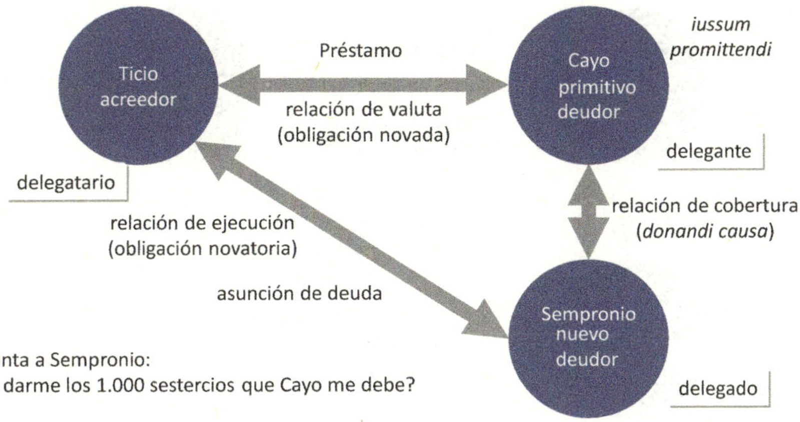

Ticio pregunta a Sempronio:
¿Prometes darme los 1.000 sestercios que Cayo me debe?
Prometo

Método del caso | Responsabilidad | Representación y Delegación | Interpretación

expromisión sin delegación

Introducción / Representación procesal / Delegación / Casos

Para pagar sus estudios, Cayo solicitó un préstamo a Ticio de 1.000 sestercios pagaderos el plazo de un año. Abrumado por la deuda, Cayo le cuenta su problema a su tío Sempronio. Éste decide asumir la deuda de su sobrino preferido

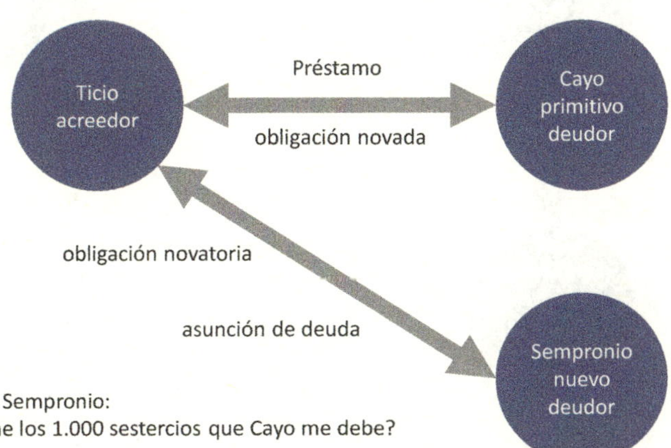

Ticio pregunta a Sempronio:
¿Prometes darme los 1.000 sestercios que Cayo me debe?
Prometo

cesión del crédito (delegación activa)

Introducción / Representación procesal / Delegación / Casos

Cayo, necesitado de dinero, se ve obligado a vender su mágnifica villa “Speciosa”. Acuerda con Ticio su transmisión en el plazo de 10 meses, a cambio de 10.000 sestercios, que éste entrega en el acto. Sempronio, amigo de Ticio, enamorado de la belleza de la villa, se entera de la operación y le ofrece a éste 12.000 sestercios. Ticio acepta y le cede su derecho sobre la villa.

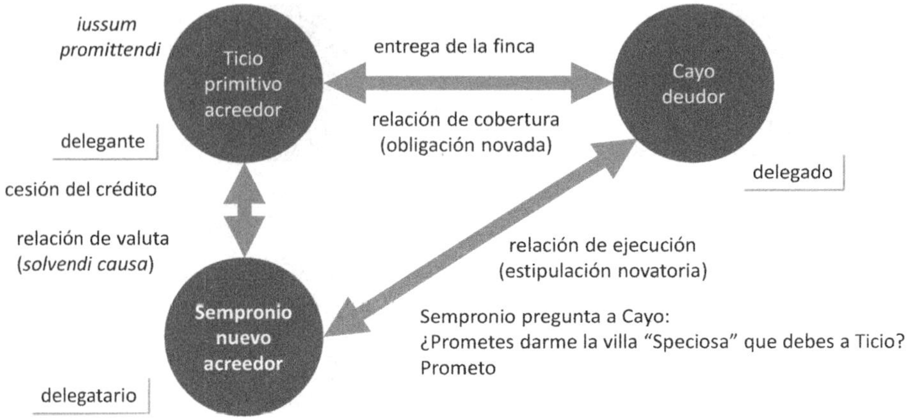

Método del caso | Responsabilidad | Representación y Delegación | Interpretación

Introducción / Representación procesal / Delegación / Casos

cesión de créditos (*procuratio in rem suam*)

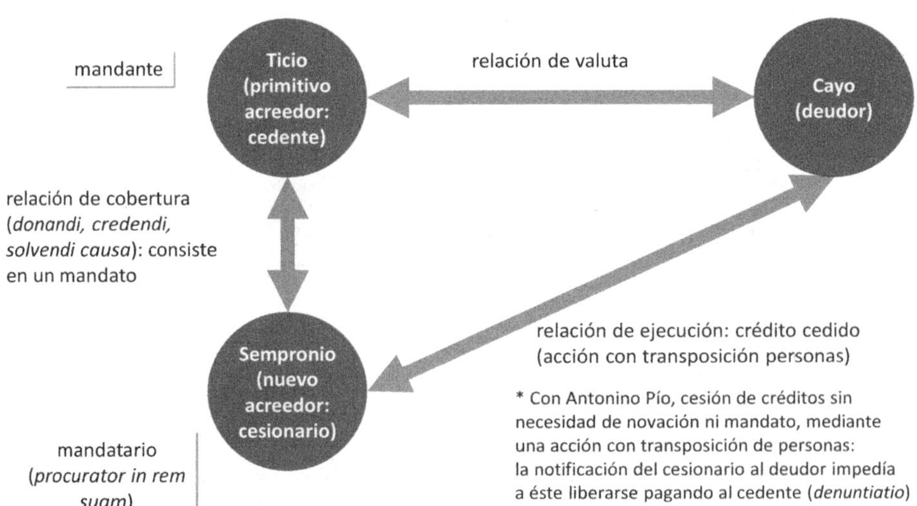

mandato de prestar fianza

Cayo pide un préstamo a Ticio; éste le pide garantías de su devolución. Cayo acude a su amigo Sempronio y le pide que salga fiador de su deuda; éste acepta. Llegado el día de vencimiento de la obligación, Ticio se dirige por *condictio* contra Sempronio.

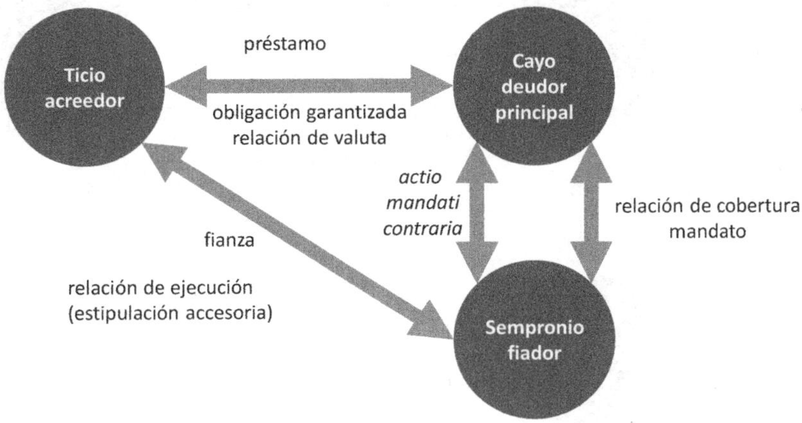

Método del caso | Responsabilidad | Representación y Delegación | Interpretación

Introducción / Representación procesal / Delegación / Casos

mandato de crédito (*mandatum pecuniae creditae*)

Ticio quiere prestar 1.000 sestercios a Sempronio y ordena a su banquero Cayo para que éste conceda en nombre propio un préstamo a Sempronio. Este no devuelve el préstamo a su vencimiento

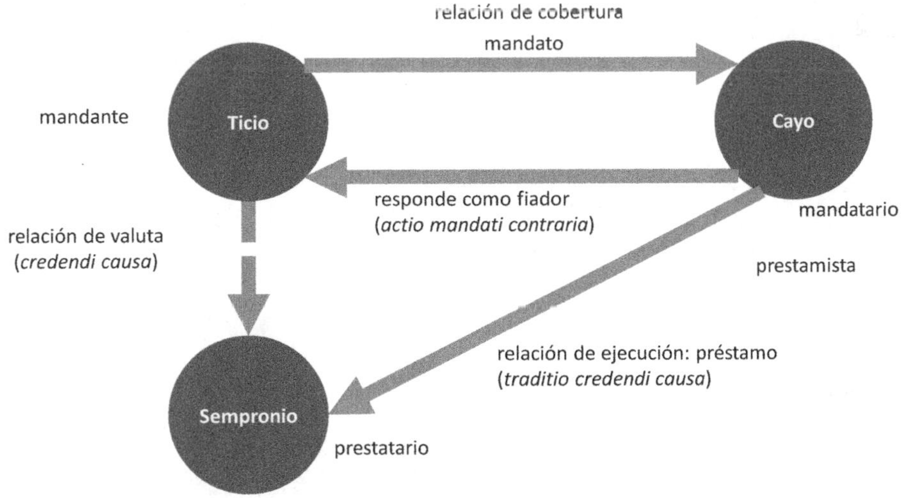

Método del caso | Responsabilidad | Representación y Delegación | Interpretación

mandato de crédito (*mandatum pecuniae creditae*)

Introducción / Representación procesal / Delegación / Casos

Ticio quiere prestar 1.000 sestercios a Sempronio y ordena a su banquero Cayo para que éste conceda en nombre propio un préstamo a Sempronio. Este no devuelve el préstamo a su vencimiento

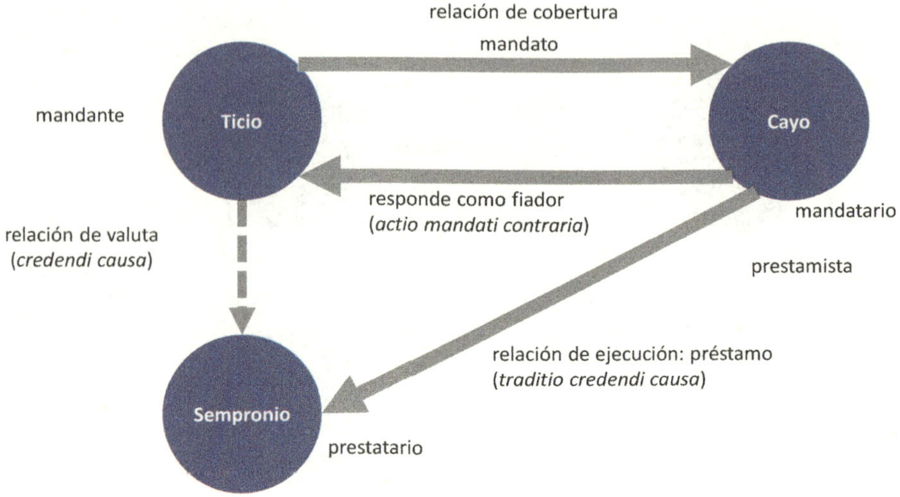

Método del caso | Responsabilidad | Representación y Delegación | Interpretación

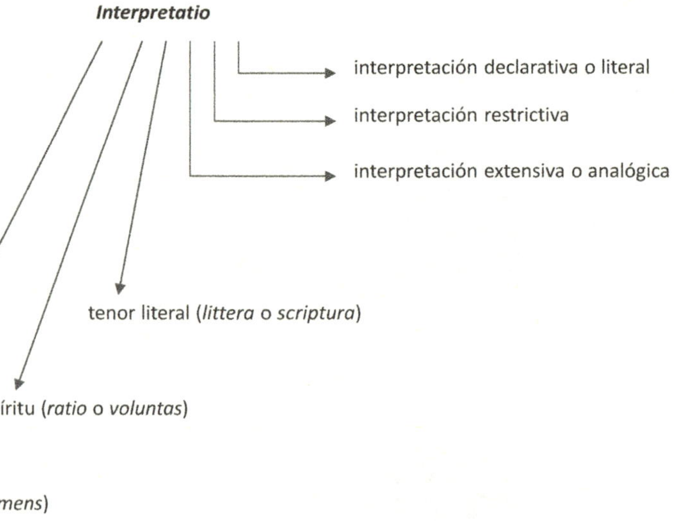

1

Lex Aelia Sentia (D. 37.14.6.2)	
Prohibía la promesa del liberto al patrono de no casarse .	- finalidad: a falta de herederos *sui* del liberto (hijos): la herencia se defería al patrono (evitar ese abuso). - cuestión: liberto castrado que hace la promesa

Edito del pretor (D. 29.4.27.2)	
Los legados se mantienen pese a no aceptar el heredero, cuando, por derecho intestado, la herencia iba a corresponder de todos modos al que repudió.	- finalidad: evitar la burla de los legatarios y el fraude al testamento. - cuestión: acuerdo entre el instituido y el heredero intestado con posteriores cesiones al primero.

Lex Iulia de adulterios (D. 40.9.12. pr.1)	
Prohibía al acusado de adulterio la manumisión de esclavos dentro de los sesenta días siguientes a la acusación.	- finalidad: evitar la frustración del interrogatorio con tormento - cuestión: esclavos en el campo u otra provincia

Método del caso | Responsabilidad | Representación y Delegación | Interpretación

2

Aclarar declaraciones equívocas

causa curiana (sustitución pupilar comprende vulgar)

cautio muciana (condiciones negativas)

statu liber (condiciones potestativas)

Salvar la validez del testamento

institutio ex res certa (institución de heredero sobre cosa cierta)

condiciones imposibles, ilícitas o inmorales

subsanar errores (no agote el *as* hereditario o se exceda)

La *causa curiana*

El causante, M. Coponio, había instituido como heredero a un póstumo, y designado como sustituto pupilar suyo a Manilo Curio; pero el póstumo no llegó a nacer. Reclamaron la herencia los agnados de Coponio y Curio

La *cautio muciana*

"Dejo el legado de usufructo a mi mujer si no se vuelve a casar"

El *statu liber*

"Quiero que mi esclavo, Cronión, sea manumitido después de mi muerte si ha administrado bien mi patrimonio y si ha entregado todos los bienes a mi citado heredero o a mi procurador"

Método del caso | Responsabilidad | Representación y Delegación | Interpretación

3

Speciem facere ex aliena materia → dueño de la materia

Speciem facere ex aliena materia → especificante

Escuela sabiniana:	*materia*
Escuela proculiana:	*forma*
Opinión intermedia:	*media sententia* (especificación reversible – irreversible)
Justiniano:	*media sententia* y buena fe

REPERTORIO DE RECURSOS PROCESALES

I	**acciones reales *in ius* civiles (*vindicationes*)**	**derecho protegido**	**- demandante** **- demandado**
1	reivindicatoria (*rei vindicatio*)	propiedad civil	- propietario civil no poseedor - poseedor no propietario
2	de usufructo (*v. usus fructus*)	usufructo	- usufructuario - poseedor
3	de servidumbre (*v. servitutis*)	servidumbre	- titular del fundo dominante - titular del fundo sirviente y poseedores
4	de petición de herencia (*hereditatis petitio*)	herencia	- heredero civil - poseedor de los bienes hereditarios
5	de división de herencia (*a. familiae erciscundae*)	división y liquidación de deudas	- coheredero - coheredero
6	de división de cosa común (*a. communi dividundo*)	división y liquidación de deudas	- copropietario - copropietario

II	acciones reales *in ius* ficticias (*vindicationes utiles*)	derecho protegido	- demandante - demandado
1	publiciana (*a. Publiciana*)	propiedad bonitaria	- propietario bonitario - propietario civil doloso y poseedores de peor condición
2	del propietario peregrino (*vindicatio utilis*)	propiedad peregrina	- propietario peregrino - poseedor no propietario
3	del propietario provincial (*vindicatio utilis*)	propiedad provincial	- propietario de un fundo provincial - poseedor no propietario
4	real de prenda (*actio Serviana, hypotecaria,* o *pigneraticia in rem*)	derecho real de prenda	- acreedor pignoraticio - propietario y cualquier poseedor

III	acciones personales *in ius* (unilaterales)	derecho protegido	- demandante (acreedor) - demandado (deudor)
1	*condictio*	préstamos civiles	- transmitente - adquirente
2	*condictio*	estipulaciones ciertas	- estipulante - promitente
3	*actio ex stipulatu*	estipulaciones inciertas	- estipulante - promitente
4	*actio ex testamento*	legado damnatorio	- legatario - heredero
5	de hurto (*actio furti*)	delito de hurto	- víctima - ladrón
6	de daños (*actilo legis aquiliae*)	delito de daños	- víctima - causante del daño

IV	**acciones personales *in factum* (unilaterales)**	**derecho protegido**	**- demandante (acreedor) - demandado (deudor)**
1	de comodato (*actio comodati*)	préstamo pretorio de uso	- comodante - comodatario
2	personal de prenda (*a. pigneraticia in personam*)	préstamo pretorio de garantía	- pignorante - acreedor pignoraticio
3	de dinero entregado (*de pecunia constituta*)	préstamo pretorio de plazo	- acreedor constituido - constituyente
4	recepticia (*actio recepticia*)	préstamo pretorio bancario	- acreedor - banquero del deudor
5	de robo (*a. bonorum raptorum*)	delito de hurto cualificado por violencia	- víctima - ladrón con violencia

IV	**acciones personales *in factum* (unilaterales)**	**derecho protegido**	**- demandante (acreedor) - demandado (deudor)**
6	de daños por animales (*actio de pauperie*)	delito de daños por animales domésticos	- víctima - dueño del animal
7	de daños por vertidos (*actio de effussis [vel deiectis]*)	delito de daños por vertidos	- víctima - vertedor
8	de daños por cosas colocadas en terrazas (*a. de positis [vel suspensis]*)	delito de daños por cosas en terrazas o suspendidas	- víctima - quien deja cosas suspendidas
9	de injurias (*actio iniurarium*)	delito de injurias	- víctima - injuriador
10	de dolo (*actio doli*)	delito de dolo	- víctima - persona dolosa
11	de intimidación o coacción (*actio quod metus causa*)	delito de coacción o intimidación	- víctima - coaccionador

V	**acciones personales *in ius* contractuales (acciones de buena fe o *ex fide bona*)**	**derecho protegido**	**- demandante - demandado**
1	del vendedor (*actio venditi* o *ex vendito*)	precio de venta y otros derechos del vendedor	- vendedor - comprador
2	del comprador (*actio empti* o *ex empto*)	entrega de la cosa y otros derechos del comprador	- comprador - vendedor
3	del *locator* en a. de cosa (*locatio rei*) (*a. locati* o *ex locato*)	pago de la renta, restitución de la cosa...	- *locator* - *conductor*
4	del *conductor* en a. de cosa (*locatio rei*) (*a. conducti* o *ex conducto*)	posesión, uso o uso y disfrute de la cosa	- *conductor* - *locator*
5	del *locator* en el a. de obra (*locatio operis*) (*a. locati* o *ex locato*)	la realización de la obra	- *locator* - *conductor*
6	del *conductor* en el a. de obra (*locatio operis*) (*a. conducti* o *ex conducto*)	entrega de materiales y pago del precio	- *conductor* - *locator*

V	**acciones personales *in ius* contractuales (acciones de buena fe o *ex fide bona*)**	**derecho protegido**	**- demandante - demandado**
7	del *locator* en a. de servicios (*locatio operarum*) (*a. locati* o *ex locato*)	pago del precio y, en su caso, restitución esclavo	- *locator* - *conductor*
8	del *conductor* en a. de servicios (*locatio operarum*) (*a. conducti* o *ex conducto*)	prestación del servicio (trabajo) pactado	- *conductor* - *locator*
9	del socio (*actio pro socio*)	respectivas obligaciones derivadas de la sociedad	- socio - socio
10	del mandante (*actio mandati directa*)	cumplimiento del encargo	- mandante - mandatario
11	del mandatario (*actio mandati contraria*)	indemnización y gastos	- mandatario - mandante
12	del *dominus negotii* (*actio negotiorum gestio directa*)	correcta gestión de los negocios	- *dominus n.* - gestor
13	del gestor (*actio negotiorum gestio contraria*)	indemnización y gastos	- gestor - *dominus n.*

V	acciones personales *in ius* contractuales (acciones de buena fe o *ex fide bona*)	derecho protegido	- demandante - demandado
14	del pupilo (*actio tutelae directa)*	correcto ejercicio de la tutela	- pupilo - tutor
15	del tutor (*actio tutelae contraria*)	indemnización y gastos	- tutor - pupilo
16	del depositante (*actio depositi directa*)	devolución de la cosa depositada	- depositante - depositario
17	del depositario (*actio deposiiti contraria*)	indemnización y gastos	- depositario - depositante
18	del fiduciante (*actio fiduciae directa*)	devolución de la cosa dada en fiducia	- fiduciante - fiduciario
19	del fiduciario (*actio fiduciae contraria*)	indemnización y gastos	- fiduciario - fiduciante
20	de palabras prescritas (*actio praescriptis verbis*)	acción posclásica para compraventas especiales (estimatoria, con pacto de permuta, etc.)	- parte que cumple - parte que incumple

VI	acciones adyecticas	derecho protegido	- demandante (acreedor) - demandado (deudor)
1	*quod iussu*	deudas asumidas por una persona sujeta a potestad con la autorización del *pater*	- vendedor, prestamista... - *pater familias* o *dominus*
2	exercitoria (*exercitoria*)	deudas asumidas por una persona sujeta a potestad puesto al frente de un negocio naviero	- vendedor, prestamista... - *pater familias* o *dominus*
3	institoria (*institoriae*)	deudas asumidas por una persona sujeta a potestad puesta al frente de un negocio terrestre	- vendedor, prestamista... - *pater familias* o *dominus*
4	*de peculio* o enriquecimiento *(vel in rem verso)*	responsabilidad por las deudas de una persona sujeta a potestad en la medida del peculio o del enriquecimiento	- vendedor, prestamista... - *pater familias* o *dominus*
5	tributoria (*a. tributoria*)	responsabilidad por las deudas de una persona sujeta a potestad en la medida del patrimonio de la empresa	- vendedor, prestamista... - *pater familias* o *dominus*

* Asimismo, el *pater familias* o *dominus* podrá reclamar los derechos adquiridos por su hijo o esclavo frente a un tercero con una acción con transposición de personas.

* Estas acciones se predican siempre de otra principal: *actio empti quod iussu, condictio de peculio...*

VII	acciones ejecutivas	derecho protegido	- demandante (acre.) - demandado (deudor)
1	de ejecución (*actio iudicati*)	ejecución de la sentencia	- ejecutante - ejecutado
2	*actio Rutiliana* (con transposición)	para que el *bonorum emptor* pueda ejercitar las acciones que la persona ejecutada tiene contra sus deudores	- *bonorum emptor* - deudores del ejecutado
3	*actio Serviana* (ficticia)	para que el *bonorum emptor* pueda ejercitar las acciones que el ejecutado fallecido tenía contra sus deudores	- *bonorum emptor* - deudores del ejecutado

VIII	acciones cognitorias	derecho protegido	- demandante (acreedor) - demandado (deudor)
1	del fideicomisario (*a. fideicommisaria*)	cumplimiento del fideicomiso	- fideicomisario - fiduciario
2	de cesión de acciones (a partir de Antonino, S. III)	cesión del crédito	- acreedor cesionario - deudor

IX	acciones de responsabilidad	derecho protegido	- demandante - demandado
1	*actio auctoritatis*	responsabilidad por evicción en adquisiciones por *mancipatio*	- adquirente (*accipiens*) - enajenante (*dans* o *tradens*)
2	noxal (*actio noxalis*)	responsabilidad por delito de una persona sujeta a potestad	- víctima del delito - *pater familias* o *dominus*
3	*de modo agri*	falsa declaración de la extensión del fundo	- adquirente (*accipiens*) - enajenante (*dans* o *tradens*)
4	redhibitoria	resolución de la compraventa por vicos de esclavos o animales mancipables vendidos en el mercado	- comprador - vendedor
5	de reducción del precio (*quanti minoris*)	reducción del precio en proporción al vicio del esclavo o animal comprado	- comprador - vendedor

X	otras acciones	derecho protegido	- demandante - demandado
1	de ajuste de cuentas (*a. rationibus distrahendis*)	rendición de cuentas (antes de generalizarse la acción de tutela)	- pupilo - tutor
2	de interdicto (*ex interdicto*)	incumplimiento de una orden pretoria	- favorecido por el interdicto - destinatario del interdicto
3	de remoción del cargo (*accusatio suspecti tutoris*)	remoción del cargo de tutor	- pupilo o persona en su interés - tutor
4	*rei uxoriae*	restitución de la dote tras el matrimonio	- dotante (mujer o su *pater familias*) - exmarido

XI	excepciones (*exceptiones*)	contenido
1	de intimidación (*exceptio metus*)	alegación de haber actuado con coacción o intimidación
2	de dolo (*exceptio doli*)	alegación de haber actuado de mala fe o con dolo
3	de cosa vendida y entregada (*exc. rei venditae et traditae*)	alegación del comprador contra el vendedor que figura formalmente como propietario civil
4	de dinero no entregado (*exc. non numeratae pecunia*)	alegación de dinero no entregado contra el acreedor de una estipulación con causa mutuaria
5	de justo dominio (*exc. iusti dominii*)	alegación de su condición de propietario civil contra la reclamación de la cosa (por ejemplo, por un propietario bonitario)
6	usufructuaria (*exc. usus fructus*)	alegación del usufructuario contra la reclamación del propietario

XI	excepciones (*exceptiones*)	contenido
7	de pacto (*exc. pacti*)	alegación de un pacto entre las partes (por ejemplo, un plazo)
8	de cosa juzgada (*exc. rei iudicatae*)	alegación de cosa juzgada o deducida en juicio para evitar un segundo proceso (principio *non bis in idem*)
9	de que no se prejuzgue sobre la condición de heredero (*exc. quod praeiudicium hereditati*)	alegación de que no se dé por supuesta la condición de heredero de quien reclama
10	temporal o anual (*exc. temporalis, annalis*)	alegación de reclamación de una acción temporal cuando ya ha pasado el plazo previsto para su ejercicio
11	de donación excesiva (*exc. legis Cinciae*)	alegación de donación excesiva
12	del menor de 25 (*exc. legis Laetoria*)	alegación que hace un menor de veinticinco años para negar el cumplimiento de una obligación que contrajo por haberse aprovechado la otra parte de su inexperiencia negocial

XII	interdictos posesorios	contenido
1	*uti possidetis*	para retener la posesión quien actualmente esté sobre el inmueble, o para recuperarla si el actual poseedor la obtuvo con violencia, de forma clandestina o es su precarista
2	*utrubi*	para retener o recuperar la posesión quien tuvo la cosa mueble por más tiempo en los doce últimos meses, salvo que la obtuviera del otro con violencia, de forma clandestina, o fuese su precarista
3	*quod precario*	para que el *precarium dans* recupere la posesión cedida al precarista
4	*unde vi*	para recuperar la posesión que el otro le arrebató con violencia
5	*de clandestina possessione*	para recuperar la posesión adquirida por otro en su ausencia y sin su conocimiento

XIII	otros interdictos	contenido
1	*quem fundum*	interdicto que se concede al propietario de un fundo cuando el poseedor se niega a defenderse en un litigio o deja maliciosamente de poseer para evitar el juicio reivindicatorio
2	*ad exhibendum*	interdicto que se concede al propietario de una cosa mueble cuando el poseedor se niega a defenderse en un litigio o deja maliciosamente de poseer para evitar el juicio reivindicatorio
3	*fraudatorium* (a partir de Justiniano se denominará acción pauliana)	interdicto que se concede a los acreedores para evitar posibles enajenaciones fraudulentas del deudor ejecutado y restaurar su patrimonio original
4	*quorum bonorum*	interdicto para que el heredero pretorio (*bonorum possessor*) reclame los bienes de la herencia o la cuota que le corresponda contra el que los posee como heredero o como poseedor sin causa

XIV	otros recursos	contenido
1	*restitutio in integrum* (más adelante, acciones rescisorias)	remedio pretorio para solicitar la restitución de lo entregado
2	estipulaciones pretorias (*stipulationes praetoriae*)	promesas que pide el pretor para asegurar la buena marcha del litigio
3	embargos (*missio in possessionem*)	embargo de bienes decretado por el pretor